kirchen

Für Isabel, Maike und Susanne

Hubert Kurowski und Martin Kurowski

Gelsenkirchen

55 Highlights aus der **Geschichte**

Menschen, Orte und Ereignisse, die unsere Stadt bis heute prägen

SUTTON HEIMAT

Inhalt

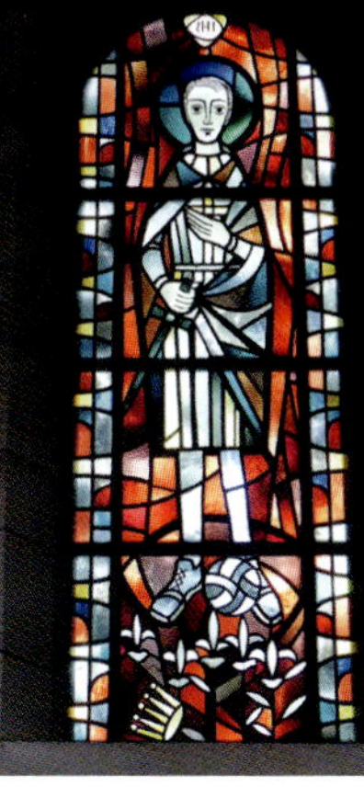

Vorwort

Bei den Vorbereitungen zu diesem Buchprojekt wurde sofort deutlich: Das ist keine leichte Aufgabe! Was besonders überraschte, war die Tatsache, dass es in Gelsenkirchen eine deutlich höhere Anzahl an Highlights als die hier vorgesehenen gibt. So galt es, vorab eine entsprechende Auswahl zu treffen, die möglichst unterschiedliche Themenbereiche umfasst, somit konnten jedoch gleichzeitig zahlreiche erwähnenswerte Höhepunkte in Gelsenkirchen nicht berücksichtigt werden. Neben durchaus bekannten wurden längst vergessene Geschichten und Erinnerungsorte ans Tageslicht befördert. Ebenso fand Berücksichtigung, dass es neben dem kollektiven Gedächtnis immer auch eine subjektive Einschätzung mit persönlichem Zugang zu bestimmten Höhepunkten in der Geschichte einer Stadt gibt. So ist besonders den Autoren mit ihren entsprechenden Gastbeiträgen zu danken: Sie – das sind Frank Baranowski, Ernst-Martin Barth, Jürgen Boebers-Süßmann, Stefan Goch, Christiane Rautenberg und Leane Schäfer – haben mit ihren fundierten Kenntnissen und ihrer Fokussierung auf die von ihnen ausgewählten Themen dieses Buch bereichert und wesentlich dazu beigetragen, 55 Ereignisse, Gebäude, Orte, Menschen usw. darzustellen, die positive Spuren hinterlassen und die Entwicklung dieser Stadt nachhaltig geprägt haben.

Dieses Buch soll aber gleichzeitig zur Diskussion anregen. Es wird nämlich deutlich: Viele der hier dargestellten Highlights leben nicht nur in der reinen Erinnerungskultur weiter. Denn das einseitige, nur rückwärts ausgerichtete Gedenken muss auf den Prüfstand gestellt werden, manchmal bereitet es sogar Unbehagen. So sind in diesem Zusammenhang Fragen zu stellen: Welche Bedeutung hat die Erinnerungskultur für unsere Gegenwart und Zukunft? – oder im Sinne von Tzvetan Todorov: Ist Erinnerung notwendig und ein Segen – oder ist Vergessen immer ein Fluch? Dabei kommt noch der Aspekt hinzu, dass ich mich nur an das erinnern kann, was ich persönlich erlebt habe. Erinnerungen sind an persönliche Erfahrungen, an die eigene Biografie gebunden – welche Bedeutung kommt also in diesem Zusammenhang der kollektiven oder musealen Erinnerung zu? Wir sollten es uns mit der Beantwortung und Diskussion bei diesen und anderen Fragen in diesem Zusammenhang nicht leicht machen. Dennoch kann man für diese Stadt festhalten: Viele Highlights entfalten ihre Wirkung oft erst zu einem späteren Zeitpunkt. So ist in Gelsenkirchen auf der Grundlage von etwas bereits Vorhandenem, Geschehenem vielfach an verschiedenen Orten in unterschiedlichen Bereichen Neues entstanden, in einem ständigen Prozess von Wandel und Veränderung. Und das ist genau das, was diese Stadt und die Menschen stark macht, leider aber oft übersehen wird: Diese Chance wurde gerade auch am Ende der Bergbau-Ära vielfältig genutzt, um Zukunft für die Menschen in dieser Stadt zu gestalten: zeitgemäß, sozial und menschengerecht – und das findet sich auch im Stadtbild wieder.

Hans-Sachs-Haus.

Nur, dabei darf es nicht bleiben. Es gibt weiterhin noch großen Handlungsbedarf zur zukünftigen Gestaltung dieser für alle Menschen offenen Stadt, die Lebensbedingungen ihrer Bewohner entscheidend und nachhaltig zu verbessern.

Hubert Kurowski

1 Vorindustrielle Kulturlandschaft

Noch heute vorhanden

Gelsenkirchen existiert in der Vorstellung vieler Menschen nur als reine Bergbau- und Industriestadt, als „Stadt der tausend Feuer". Doch das war einmal. Schon immer gab es im Stadtgebiet auch große landwirtschaftlich genutzte Flächen mit ehemaligen Bauernschaften mit traditionellen Bauernhäusern aus vorindustrieller Zeit.

Fruchtbare Decksande, Lößböden, Bäche, Quellen und Schutz bietende Lagen im Gelände waren gute Voraussetzungen für die Besiedlung dieses Gebietes. Grabungen im südlichen Teil Gelsenkirchens, in Sutum und vor allem in der Nähe des Vestischen Höhenrückens zufolge gab es diese günstigen Standortfaktoren bereits im späten Neolithikum und in der Bronzezeit, nachweisbar an zahlreichen Fundorten im Stadtgebiet. Vor ungefähr 3.000 Jahren setzte eine Bevölkerungsbewegung aus dem süddeutschen Raum durch das Rheintal in Richtung Norden und somit auch in das westfälische Gebiet ein. Damit begann gleichzeitig die Urbarmachung großer Landflächen. So existieren ab dieser Zeit auch etliche Nachweise für die Besiedlung im nördlichen Teil Gelsenkirchens. In unmittelbarer Nähe des Buerschen Rathauses entdeckte man ein Urnengräberfeld („Urnenfeldstraße"). Auch die wenige Meter entfernte Springe-Quelle war für die Ansiedlung von entscheidender Bedeutung. Weitere Schwerpunkte dieser Siedlungsentwicklung waren zudem der fruchtbare, goldgelbe Lößboden im östlichen Bereich des heutigen Stadtgebiets. Mit der fränkischen Landnahme um 800 n. Chr. entstanden aus kleinen, oft benachbarten Bauerngehöften erste Siedlungen, die dann zu einer größeren Einheit als Bauernschaft zusammenwuchsen, allein 16 waren der späteren Freiheit Buer zugehörig. Einige Auszüge aus der Buerschen Chronik verdeutlichen die Lebensverhältnisse und den Alltag in vorindustrieller Zeit:

1812: „Die Bauernschaften Erle, Surresse und Beckhausen sind von besserer Qualität und Bodengüte, indem auf den dortigen Ländereien jede Fruchtgattung gezogen werden kann. In der Bauernschaft Middelich ist der Boden sandig, aber hin und wieder mit einer besseren Erdart untermischt, daher wird auch Klee und Weizen untermischt".

1816 (statistische Angaben für das Kirchspiel Buer und seine Bauernschaften): „2.309 Einwohner, 324 Wohnhäuser, 313 Ställe und Scheunen, 6 Mühlen, 260 Pferde, 49 Füllen, 551 Kühe, 244 Jungvieh, 37 Ziegen, 304 Schweine, 244 Schafe. Die Witterung in diesem Jahr war ungewöhnlich naß. Es wurden 238 nasse und 128 Tage, die trocken waren, gezählt. So fiel auch die Ernte sehr schlecht aus in der Gestalt, daß nicht einmal die Hälfte des Bedarfs wie sonst erzielt wurde".

1827: „Im Monat April fiel in Middelich ein 4-jähriges Kind in einen Keßel und verbrannte sich in dem siedenen

Gehöft in der ehemaligen Bauernschaft Sutum.

Wasser dergestalt, daß es am folgenden Tag starb".

1829: „Am 15. Oktober des morgens früh wurde auf dem Gahlenschen Kohlenweg zwischen Erle und Middelich der Kötter Wulff, neben seinem Karrenpferde liegend, tot aufgefunden. Derselbe war ein notorischer Säufer. So ist es wahrscheinlich, daß der Verunglückte ein Opfer seiner Trunkenheit geworden ist".

1831 (statistische Angaben für Buer und seine Bauernschaften): „3.644 Einwohner, davon sind 57 beim Heer und 161 bei der Landwehr, 3.622 Einwohner sind katholisch, 12 evangelisch. Geheiratet haben 17 Paare. 101 Geburten, davon waren 14 illegitim. 83 Sterbefälle. Zwei männliche Taubstumme, eine weibliche Taubstumme."

Diese uralte bäuerliche Landschaft in den ehemaligen Bauernschaften Eckeresse, Surresse und Middelich gibt es immer noch. Auf den ehemaligen Feld- und Wirtschaftswegen, nun als Rad- und Wanderwege nutzbar, kann man diese vorindustrielle Kulturlandschaft mit Feldern, Wiesen, Weiden, alten Gehöften, nun teilweise zeitgemäß zum Hofladen, Reiterhof oder Gastronomiebetrieb umfunktioniert, erleben.

2 Der Emscherbruch
Wildwechsel mitten in der Stadt

Mitten in der Stadt ein Hinweisschild: „Wildwechsel". Eigentlich unvorstellbar, aber dieses auf mögliche Gefährdungen durch querende Tiere warnende Straßenschild gibt es im Emscherbruch, der den südlichen und nördlichen Teil Gelsenkirchens geografisch trennt, wirklich.

Der Emscherbruch in Gelsenkirchen ist Teil eines ehemaligen riesigen Sumpf-, Wald- und teilweise auch Moorgebiets an der Emscher zwischen Dortmund im Osten und Duisburg im Westen. „Der Emscherbruch erstreckt sich entlang des Flusses eine Stunde rechts und links von seinem Ufer entfernt", so beschreibt ein Chronist diese auf den ersten Blick siedlungsfeindliche Landschaft im Jahr 1778. Für die Menschen vor mehreren Tausend Jahren stellte sich die Situation ganz anders dar: Die tiefen Wälder boten ihnen Schutz, gleichzeitig hervorragende Jagdmöglichkeiten in einer artenreichen Tierwelt und die vorbeifließende, fischreiche Emscher gewährte zusätzliche Nahrungsmöglichkeiten. So konnte bei Erdarbeiten für den Rhein-Herne-Kanal im nicht weit entfernten Baukau (Herne) ein Siedlungsplatz der Neandertaler mit 400 Werkzeugen nachgewiesen werden, ebenso auf leichten Erhöhungen in Flussnähe entlang des gesamten Flusslaufs zahlreiche Urnenfriedhöfe, zumeist aus der Zeit um 800 v. Chr. Aber die Anlage größerer Siedlungen war hier nicht möglich, zumal die Emscher regelmäßig durch Überschwemmungen verheerende Schäden anrichtete, wie noch im Jahr 1830 in einer Chronik vermerkt wird: „In Folge des am 9. und 10. Februar eingetretenen Tauwetters erreichte der Wasserstand in Beckhausen (Stadtteil in Gelsenkirchen) und Umgebung eine noch nie gekannte Höhe. Das Wasser stieg unverhofft so schnell, daß sieben Häuser in der Bauernschaft Beckhausen unter Wasser standen, daß die Eigentümer solche mit Vieh und Mobiliar zu verlassen genötigt waren. Dem Kötter Strathmann ertrank eine Kuh im Stalle."

Mitten in dieser Landschaft lebten auch die legendären Wildpferde, die „Emscherbrücher Dickköpfe". Nachdem die Emscherregion in „Marken", das waren genauestens beschriebene Gebiete mit festen Grenzen für den dort ansässigen Adel, eingeteilt worden war, nutzten die Adeligen die ihnen zugestandenen Rechte. Dazu gehörten der Holzschlag, Weiderechte, Schweine durften zur Eichelmast in das entsprechende Gebiet hineingetrieben werden, vor allem aber auch die Berechtigung, die im Emscherbruch frei lebenden Pferde zu fangen. So ergab eine um 1800 erfolgte Zählung, dass in der Resser Mark allein 200, in der Berger und der Horster Mark jeweils 80 Stuten lebten. Mit dem Fang des letzten Wildpferds 1834 endete diese Zeit. Inzwischen hatte sich die Emscher schon längst zu einer politischen Grenze mit dem Vest Recklinghausen auf der nördlichen und der Grafschaft Mark auf

Typische Landschaft im Emscherbruch: Sumpf, Moor und Wald.

der südlichen Flussseite entwickelt, mit kulturellen Unterschieden im Dialekt, Brauchtum und der Konfessionszugehörigkeit und immer wieder auftretenden Grenzstreitigkeiten.

Diese uralten historischen und geografischen Vorgaben sind die heutigen Grundlagen für die Entwicklung dieser Landschaft zu einem beliebten, nicht weit von den städtischen Zentren Gelsenkirchens gelegenen Naherholungsgebiet. So lässt sich in dieser Bilderbuchlandschaft ein außerordentlich vielseitiger Tierbestand mit Rehen, Hasen und Ringelnattern entdecken. Ein Eldorado für Wasservögel ist der ursprünglich als Wasserreservoir für die gleichnamige Zeche angelegte Ewaldsee. Seltene Vogelarten wie Waldschnepfen, Rohrdrommeln, Eisvögel und Graureiher finden sich hier ein. In den zahlreichen durch Bergsenkungen entstandenen Seen und Tümpeln tummeln sich Insekten, Fische und Frösche. Der Emscherbruch, umgeben von hektischer Betriebsamkeit und dem Lärm städtischen Lebens, ist eine meditative Landschaft und bietet dem Besucher Ruhe, Entspannung, Muße und Möglichkeiten zur sportlichen Betätigung in freier Natur. Mit seinen Lichtungen, Weideflächen, landwirtschaftlich genutzten Flächen und den Wäldern mit außergewöhnlichem Baumbestand wie Eichen, Birken, Buchen, Bergahorn (97% Laubholz) und dem geringen Nadelholzbestand (3%) lädt er die Menschen zum Verweilen ein.

3 Die Emscher
Erlebnisvielfalt am neuen Fluss

„Es war einmal …", so beginnen Märchen. Die Geschichte der Emscher, vom ehemals sauberen, mäandrierenden Fluss, der mitten durch das heutige Ruhrgebiet verläuft, und dann zur Abwasserkloake umgebaut wurde, bis hin zum neuen Emschertal mit entsprechender Renaturierung – das ist eine Erfolgsgeschichte, die wirklich an ein Märchen erinnert: Und am Ende wird alles gut.

Vor ihrer Regulierung kurz nach 1900 war die Emscher ein windungsreicher Fluss mit 109 Kilometern Gesamtlänge von ihrer Quelle bei Holzwickede bis zu ihrer Mündung in den Rhein bei Alsum. Sie war die Lebensader dieser Region. Die Menschen lebten an ihren Ufern, zumeist auf Anhöhen vor dem regelmäßig auftretenden Hochwasser geschützt, in einzelnen Bauernhöfen, kleinen Siedlungen, Dörfern, in Burgen oder Schlössern. An vielen Stellen bildete der Fluss mit seiner Bruchlandschaft nicht nur eine geografische, sondern auch eine politische Grenze, so auch lange Zeit im heutigen Gelsenkirchen zwischen dem Vest Recklinghausen auf der nördlichen und der Grafschaft Mark auf der südlichen Flussseite.

Mit der Industrialisierung entstand ein großes Problem, das dringend und schnell gelöst werden musste: Die Abwässer der Zechen, Fabriken und vor allem der Bevölkerung, die in immer größerer Zahl ins Ruhrgebiet kam, wurden zunächst unkontrolliert in Bäche und Flüsse geleitet oder versickerten einfach im Boden. Die Folge beispielsweise in Gelsenkirchen im Jahr 1903: Eine verheerende Cholera- und Typhusepidemie mit mehr als 300 Toten. Man entschied sich zu der aus damaliger Sicht richtigen Lösung: Die Abwässer sollten geregelt in die Emscher abgeleitet werden. So wurde der Fluss durch die damit beauftragte und hierfür gegründete Emschergenossenschaft innerhalb weniger Jahre entsprechend hergerichtet, umgestaltet, begradigt und mit Zäunen abgesichert, das Flussbett mit Platten gegen Versickerungen ausgebaut sowie links und rechts mit hohen Deichen gegen mögliche Überschwemmungen abgesichert. Im Jahr 1910 vermerkt ein Gelsenkirchener Schulchronist dazu: „Das große Kulturwerk der Emscherregulierung wird

voraussichtlich im Verlauf des nächsten Jahres beendet sein, und damit werden seine Segnungen zum Wohle unserer Bevölkerung in Erscheinung treten. Mit der Herstellung der neuen Emscher wurde im Jahr 1907 begonnen. 1908 wurde die Strecke von Carnap aufwärts bis Henrichenburg an verschiedenen Punkten gleichzeitig in Angriff genommen. Zu diesem Zeitpunkt ist die Einleitung der Emscher in das neue Bett in Aussicht genommen. Alsdann wird die bereits begonnene Regulierung der anliegenden Gebiete durch Ausbau der Bäche und Herstellung der Kläranlagen durchgeführt." Das bedeutete aber gleichzeitig: Den alten, natürlichen Flusslauf gab es nicht mehr – die damals neue Emscher war zu einem Abwasserkanal geworden – und verschwand aus dem Bewusstsein der Menschen.

Das Ende des Bergbaus sowie ein ökologisches Umdenken zusammen mit neuen technischen Möglichkeiten bewirken nun die Realisierung einer Utopie: Die Emscher wird wieder sauber und geruchsfrei. Früher undenkbar: Rad- und Wanderwege, Auen, Parklandschaften und Kunstwerke erschließen nun die lange Zeit verbotene Zone und lassen Besucher diese außergewöhnliche Landschaft, Industriekultur und -natur im Ruhrgebiet aus einer neuen, bisher unbekannten Perspektive erleben. Das wasserwirtschaftlich größte Projekt in Europa mit der Renaturierung als naturnaher Flusslauf umfasst in Gelsenkirchen direkt an der Emscher eine Länge von 8,3 Kilometern, hinzu kommen noch sechs Zuflüsse mit weiteren 39,2 Kilometern.

Die Zukunft der Emscher hat mit diesem Paradigmenwechsel schon längst begonnen. So wird der Bogen von der Vergangenheit über die Gegenwart in die Zukunft gespannt. Die Menschen im Ruhrgebiet erleben nun einen wiederum ganz anderen Flusslauf als in früheren Zeiten – und die Emscher ist wieder zurück im Bewusstsein der Menschen.

Alter Emscherlauf um 1898 mit Schloss Grimberg links an der Brücke im Hintergrund.

4 Rund um die Halde Rungenberg
Von der verbotenen Zone zum Freizeitort

Die Landschaft im Ruhrgebiet war seit Beginn des Bergbaus durchgehend von künstlichen Aufschüttungen, sogenannten Bergehalden, geprägt. Hier wurde das beim Kohleabbau entstehende wertlose Gestein gelagert. Im Laufe der Zeit wurden diese „Steinhalden" immer höher und großflächiger.

Zu jeder Zeche gehörte ein solcher riesiger Berg. Zumeist lag er auf dem Zechengelände, das als verbotene Zone von einer großen Mauer umgeben war. Trotzdem war die Halde für Kinder aus den nahe gelegen Bergarbeiterkolonien der ideale Ort, an dem man sich frei bewegen konnte, von der Erwachsenenwelt unbeobachtet, wenn man sich nicht von den meist invaliden „Haldenwächtern" erwischen ließ, die dieses Terrain mit ihren bissigen Schäferhunden kontrollierten. Mit der Schließung der Zechen stand man schließlich vor dem Problem, das aus diesen großflächigen Schuttablagerungen aus der Tiefe des Bergbaus entstanden war. In der Folge wurden viele Steinhalden in mühevoller Arbeit abgetragen, sodass dort Wohnsiedlungen gebaut oder neue Firmen angesiedelten werden konnten. Aber auch eine neue Idee entwickelte sich zu einer Erfolgsgeschichte: Zahlreiche Halden wurden zu attraktiven Natur- und Erlebnisräumen umgestaltet und für Wanderer und Radfahrer zugänglich gemacht, von denen sich spektakuläre Aussichten auf die umliegenden Städte und die immer noch beeindruckende Ruhrgebietslandschaft bieten. Auf den Gipfeln finden sich oft außergewöhnliche Kunstwerke, wie auf der Rungenberg-Halde. Hier wird diese Erfolgsgeschichte besonders deutlich. Beim Aufstieg zum Gipfel begegnet der Wanderer immer wieder Familien mit Kindern, die dort ihre Drachen steigen lassen, Frauchen und Herrchen mit Hund, ebenso Einzelpersonen und Paaren, die den Weitblick genießen wollen.

Die Halde Rungenberg zählt mit 110 Metern zu den höchsten im Revier. Die Grundfläche beträgt 56 Hektar. Ursprünglich entstand diese begrünte und teilweise auch bewaldete Höhe für den nicht benötigten Abraum der Zeche „Hugo". Diese Halde ist unverwechselbar, ja sogar aus dem Flugzeug gut zu erkennen. Sie wirkt wie ein kleines Bergmassiv und besteht aus zwei Gipfeln, die durch eine Schlucht voneinander getrennt sind. Auf einem schleifenartigen Weg und nach ungefähr 300 Treppenstufen gelangt man schließlich zum höchsten Punkt. Riesige, von den Künstlern Hermann EsRichter aus Oberhausen und dem Berliner Klaus Norculat geschaffene Stahlröhren, Ferngläsern gleich in den Himmel gerichtet, wurden hier installiert. Bei Dunkelheit ergeben die Lichter des Kunstwerks „Nachtzeichen" die Form einer Pyramide und bilden auf dem Berg eine künstliche Lichtspitze, wobei sich die Strahlen der gegenüberliegenden Scheinwerfer genau in der Mitte treffen.

Unterhalb der Halde liegt die sanierte Schüngelberg-Siedlung mit

Blick über Beckhausen zur Halde Rungenberg.

dem gleichnamigen Neubaugebiet. Unterschiedliche zwischen 1897 und 1919 errichtete und nun unter Denkmalschutz stehende Siedlungshäuser geben Einblicke in die Strukturen einer solchen hauptsächlich von Bergarbeitern bewohnten typischen Kolonie, die zumeist in unmittelbarer Nähe der entsprechenden Zeche angelegt wurde. Der Wohnraum war sehr begehrt, gleichzeitig aber begab man sich auch in eine gewisse Abhängigkeit vom Unternehmen. Bei einer Kündigung hatte man seine Wohnung innerhalb von zwei bis drei Tagen zu verlassen. So jedenfalls sahen es die damaligen Werksmietverträge vor. Eine Neubausiedlung mit 200 Wohnungen unterhalb der Halde wurde 1993 im Zusammenhang mit der IBA Emscher Park errichtet.

5 Landschaftspark Mechtenberg/Rheinelbe
„Zwei Berge – eine Kulturlandschaft"

Der Hauptteil des Landschaftsparks Mechtenberg/Rheinelbe liegt auf dem Stadtgebiet von Gelsenkirchen, kleinere Bereiche gehören zu den angrenzenden Städten Bochum und Essen. Mit diesem Projekt wurden anhand eines gemeinsamen Themas die oft einengenden Stadtgrenzen im Ruhrgebiet beispielhaft überwunden.

Zwei Berge – eine Kulturlandschaft", so hieß es hier auch schon bei der „RUHR.2010 – Kulturhauptstadt Europas". Unterschiedlicher können zwei Berge nicht sein: im Gelsenkirchener Stadtteil Ückendorf die von Menschen geschaffene Abraumhalde der ehemaligen Zeche Rheinelbe und in Sichtweite der Mechtenberg, bereits auf Essener Gebiet, direkt an Gelsenkirchen angrenzend. Seine natürliche Entstehung verdankt dieser 80 Meter hohe Umlaufberg der eiszeitlichen Ruhr. So lässt sich heute noch viel Flussschotter an den Hängen und auf der markanten Bergspitze finden. Hier oben entstand im Jahr 1900 auch der Bismarckturm mit Panorama-Ausblicken tief ins Ruhrgebiet hinein.

Zwischen dem Mechtenberg und der Halde Rheinelbe verläuft eine ehemalige Zechenbahntrasse, auf der man, nun als Rad- und Wanderweg umgestaltet, diese ungewöhnliche Landschaft erleben kann. Vorbei an Obstwiesen und immer noch landwirtschaftlich genutzten Flächen entdeckt der aufmerksame Beobachter beim Überqueren auf der Brücke der Hattinger Straße (B 227) eine auffallend große, schlanke Säule. Diese markiert hier inmitten einer unbebauten, sehr ländlich wirkenden Landschaft das Städtedreieck Gelsenkirchen, Essen und Bochum. Nach kurzer Strecke ist dann der Aufgang zur Halde Rheinelbe mit dem Skulpturenwald erreicht. Von dort aus geht es spiralförmig weiter und schließlich über eine Treppe hinauf zum vegetationsfreien 110 Meter hoch gelegenen Kugelgipfel mit der markanten zwölf Meter hohen Skulptur des Künstlers Hermann Prigann. Das Kunstwerk besteht aus Abbruchmaterialien der örtlichen Schwerindustrie und Natursteinen. Hier, hoch oben über Stadt und Land, bietet sich eine grandiose Rundumsicht mit immer noch vielen Fördertürmen, Schornsteinen, Industrieanlagen, Kirchtürmen, Fußballstadien, städtischen Zentren – immer wieder unterbrochen von überraschend viel Grün.

Himmelstreppe zum Gipfel der Halde Rheinelbe.

6 Landmarken – industrielle Kathedralen
Zeugen der Vergangenheit

Landmarken sind weithin sichtbare, die Landschaft beherrschende und prägende Orientierungspunkte. Dazu gehören nicht nur Berge oder Höhenzüge, sondern auch von Menschen geschaffene Bauwerke wie Industrieanlagen, Gasometer, Kühltürme, Kesselhäuser, Hochöfen, Fabriken und Zechen mit ihren großflächigen Übertageanlagen, die heute noch an vielen Stellen im Stadtgebiet unsere industrielle Vergangenheit bezeugen. Fast wirken sie für uns wie weltliche Kathedralen.

Die Zechen bestimmten nicht nur den Lebensalltag der Menschen vor Ort, sondern waren im Erscheinungsbild der Stadt von jedem Punkt aus sichtbar. Allein die Zeche Consol in Bismarck mit den Schächten 3/4/9 nahm eine Fläche von 27 Hektar für ihre Übertageanlagen in Anspruch. In dieser verbotenen, Außenstehenden nicht zugänglichen Zone, durch eine endlose, übermannshohe Ziegelsteinmauer geschützt und teilweise auch bewacht, befanden sich Werkstätten, Gleisanlagen, Holzplatz, Verwaltungsgebäude, Kaue, Schächte, Fördergerüste, Krankenstation, Kohlenwaschanlagen, Unterstellmöglichkeiten für Fahrräder, Steinhalden und kleine Verkehrswege, an vielen Zechen kam noch ein Kraftwerk hinzu. Um die gigantischen Ausmaße zu verdeutlichen: Im Jahr 1920

Erler Skyline im Jahr 1955: Kraftwerk „Graf Bismarck", Kirchturm der Ev. Dreifaltigkeitskirche, Zeche „Graf Bismarck" (v.l.). Im Vordergrund sind die neu erbauten Siedlungshäuser an der Oststraße zu sehen.

Gesamtansicht des Graf-Bismarck-Kraftwerks von 1952, auf der südlichen Kanalseite gelegen.

gab es in Gelsenkirchen allein 14 Bergwerke mit insgesamt 68 Fördergerüsten, wobei auf allen Zechen 49.000 Bergleute arbeiteten. Zur Zeche „Graf Bismarck" gehörten im Jahr 1966, als der Pütt geschlossen wurde, 11 Schächte für den Kohletransport, Ein- und Ausfahrt der Bergleute und zur Bewetterung. Das Zechengbiet erstreckte sich nördlich und südlich der Emscher und umfasste die Stadtteile Erle, Resser Mark und Schalke. Wo immer man war, die Zeche mit ihren gigantischen Gebäuden und ihrer typischer Silhouette war stets irgendwie da, aber nicht nur optisch, sondern sie war mit ihren Gerüchen, oft aufflackernden Lichtern, mit Poltern, Sirenengeheul, den pfeifenden Lokomotiven und dem klirrenden Geräusch der andockenden Waggons, deren Gleise auch mitten durch den Stadtteil verliefen, Tag und Nacht gegenwärtig.

Für den Fremden sah jeder Ruhrgebietsort, jede Zeche gleich aus. Für ihn diente nur der Zechenname als Wegweiser. Trotz dieser vermeintlich einheitlichen Physiognomie aller Zechen im Ruhrgebiet hatte jedes Bergwerk seinen eigenen Charakter und war für die vor Ort lebenden Menschen unverwechselbar.

Ein Blick auf Gelsenkirchen macht deutlich: Viele dieser alten, längst geschlossenen Bergwerke mit ihren riesigen Flächen, Gebäuden und Fördergerüsten wie „Hugo" in Beckhausen, Consol in Bismarck oder Nordstern in Horst prägen das Stadtbild noch immer. Aber die Zukunft hat bereits begonnen. Auf den ehemaligen Zechenarealen entstanden moderne Wohnsiedlungen, Firmen haben ein neues Zuhause gefunden, Parks, Radwege oder kulturelle Zentren mit einem vielfältigen Angebot bieten zahlreiche Freizeitmöglichkeiten. Flora und Fauna haben sich hier schon längst neue Lebensräume erobert – und auch der Mensch, denn diese Areale sind für die Bevölkerung nun offen und frei zugänglich.

7 Gelsenkirchen aus luftiger Höhe

Ausblicke – Einblicke – Rundblicke

Befindet man sich in gebirgigen Gegenden Deutschlands, so finden sich dort oft Schilder mit Hinweisen auf besonders schöne Aussichtspunkte. Das wird natürlich nicht in einer Stadt wie Gelsenkirchen als Teil der Westfälischen Tiefebene erwartet, aber es gibt sie auch hier, mitten im Ruhrgebiet, Standorte mit weitem Blick auf Stadt und Land.

Neben künstlichen, von Menschen geschaffenen Aussichtspunkten wie Halden oder Bauwerken gibt es auch natürliche Erhöhungen. Dazu zählt im Norden der Stadt der Vestische Höhenrücken mit dem 96 Meter hohen Goldberg, dem höchsten Punkt Gelsenkirchens. Seinen Namen erhielt er von dem goldgelben Lößboden, der während der Eiszeiten vom Emschertal hier aufgeweht wurde und somit ursächlich zur Entstehung dieses kleinen, zwischen Recklinghausen und Osterfeld gelegenen, parallel zur Emscher in Ost-/Westrichtung verlaufenden Höhenzuges beigetragen hat. Die Aussicht von diesem markanten Ort fasziniert die Menschen seit langer Zeit, wie ein Bericht aus dem Jahr 1921 mit Blick auf die damalige Industrie- und Bergbaulandschaft verdeutlicht: „Eine solche Fernsicht wird nirgends geboten. Wie ein langes Band, das hier und da mit grünen Ackerflächen und Wäldern durchwirkt ist, sieht das Bild aus. Stadt reiht sich an Stadt, Ortschaft an Ortschaft, über fünfzig Kirchtürme und ungezählte Schlote überragen das Häusermeer. Von Duisburg bis Dortmund das einzigartige, gewaltige Reich der Frau Industrie! Ist dieses Bild schon bei Tage einzig schön, so ist es am Abend geradezu überwältigend. Dann grüßt von dort unten aus dem Emschertale ein riesiges Lichtermeer: Vielhundertkerzige Bogenlampen senden ihr silberweißes Licht in die Nacht. Und am Boden scheinen tausend und abertausend Sterne aufgegangen zu sein, die in allen Regenbogenfarben schimmern. Es sind die vielen Signallampen des unendlich großen und vielverzweigten Bahnnetzes dort unten. Dazwischen flackern die Irrlichter der schnaubenden Dampfrosse, und hoch oben lodern die Hochofenfeuer. Die Illumination der Industrie.“

Blick vom Goldberg über das Emschertal hinweg mit Gelsenkirchen in der Senke und den Ruhrbergen im Hintergrund.

Diese hier beschriebene romantisierende Ansicht, durch die man die Situation im Emschertal gut nachvollziehen kann, ist längst verschwunden. Heute ist die Sicht frei auf das neue Ruhrgebiet, in dem sich immer noch Relikte seiner industriellen Vergangenheit entdecken lassen.

Ein weiterer schöner Ausblick auf Stadt und Land bietet sich dem Besucher von der Anhöhe über dem Berger See in Buer vom am 13. Mai 1934 eingeweihten Ehrenmal. Das Mahnmal sollte an die 2.253 gefallenen und ungefähr 400 vermissten Bueraner des Ersten Weltkriegs erinnern. Zu diesem Zeitpunkt war es noch nicht abzusehen, dass es nicht bei diesen Toten bleiben sollte. Der Blick schweift über die unterhalb des Sees gelegene Parkanlage hinweg in Richtung südliches Gelsenkirchen, nach Osten zu den Industrieanlagen in Horst. Zudem laden der Berger Park mit Schloss Berge oder ein Rundweg um den See zu ausgedehnten Spaziergängen ein. Eine Vielzahl weiterer künstlich geschaffener Landmarken ermöglicht überraschende und ungewöhnliche Aus- und Einblicke auf das heutige Gelsenkirchen und Umgebung. Zu diesen Aussichtspunkten gehören Halden wie Rungenberg und Rheinelbe ebenso wie zahlreiche Gebäude. Der fast 64 Meter hohe Rathausturm in Buer ermöglicht eine spektakuläre Rundumsicht (feste Termine) und einen weiten Blick in das nördlich gelegene Münsterland. Ebenso faszinieren die Aussichten vom „Gipfel" des Nordsternturms in Horst auf Gelsenkirchen mit Blick auf das gesamte Ruhrgebiet zwischen Dortmund und Duisburg, zu den Ruhrbergen und tief hinein ins Münsterland. Von den Aufgängen bis zu den höher gelegenen Zuschauerrängen in der Veltins-Arena überraschen den Besucher Panoramen mit Halden, städtischen Siedlungen, Kirchtürmen, markanten Gebäuden, aber auch mit Schornsteinen und Fördertürmen, die an das alte Ruhrgebiet erinnern, gleichzeitig aber auch Zeichen des Strukturwandels für Gegenwart und Zukunft sind.

8 Schloss Grimberg und die Schlosskapelle
Architektonische Juwele an der Emscher

Das Bild von der Industriestadt Gelsenkirchen bestimmt bis heute weitgehend das Bewusstsein der hier lebenden Menschen – und auch außerhalb. Dieser unbestritten bedeutende Teil der Stadtgeschichte ist aber gerade einmal 150 Jahre alt. Allein zwölf Burgen, später vielfach zu repräsentativen Schlössern umgebaut, prägten die Region in vorindustrieller Zeit.

Die meisten dieser Adelssitze sind in Vergessenheit geraten, manchmal erinnert nur noch ein Straßenname an die Existenz eines solchen ehemals historischen Bauwerks. Zu den imposantesten und schönsten Anlagen gehörte das an der Emscher gelegene Schloss Grimberg. Burganlage und Kapelle werden erstmals im Jahr 1183 in einer Werdener Urkunde als „Castrum tu Ar" erwähnt. Wegen der häufigen Überschwemmungen der Emscher wurde die Burganlage auf einem „Grint", einer leichten Erhöhung errichtet, wovon sich auch der Name ableiten lässt. Nach wechselhafter Geschichte gehörte das Anwesen im 16. Jahrhundert der Familie Knipping. Im Jahr 1573 wird Knippings Lehen, das Schloss Grimberg, durch einen entsprechenden Brief des Herzogs von Kleve erneuert und bestätigt. Der zu dieser Zeit dort lebende Heinrich Knipping hatte sich inzwischen zum neuen Glauben, dem Protestantismus, bekannt und wurde ein Anhänger der neuen Lehren Martin Luthers. In diesem Sinne stiftete er 1574 den „Grimberger Altar", der in der Schlosskapelle untergebracht wurde. Der bisher noch unbekannte Künstler hat dabei eine Tischgesellschaft dargestellt, wie sie wohl in der zweiten Hälfte des 16. Jahrhunderts bestand. Dieser aussagekräftige Altar ist ein bemerkenswertes Kunstwerk, das mit seinen unterschiedlichen Darstellungsformen ein lebendiges und authentisches Bild aus jener Zeit wiedergibt, als Knipping Hausherr an der Emscher war. Es befindet sich nun in der Bleckkirche in Bismarck. Die ursprüngliche Schlosskapelle wurde im Laufe der Zeit häufig umgebaut und erweitert, so als gotischer Kapellenbau, in der Barockzeit erfolgte vor allem eine Neugestaltung des Portals durch den bekannten Baumeister Johann Conrad Schlaun. Kapellen an Burg- und Schlossanlagen dienten als Grablege, man sah darin auch bessere Chancen für das eigene „Seelenheil", vor allem waren damit auch zahlreiche Rechte verbunden, man konnte beispielsweise den Pfarrer bestimmen, den man sich wünschte.

Um 1900 war Schloss Grimberg an der Emscher ein beliebtes Ausflugsziel für die Gelsenkirchener Bevölkerung. Mit Beginn der Bauarbeiten für den Rhein-Herne-Kanal und einem an dieser Stelle geplanten Hafen wurde die ehemalige Schlosskapelle im Jahr 1908 von den Besitzern von Nesselrode in weiser Voraussicht abgebaut und innerhalb der Gräftenanlage ihres Besitzes, Schloss Herten, originalgetreu wieder aufgebaut. Hier befindet sich nun auch die Grab-

Schloss Grimberg mit Parkanlage um 1910.

tumba des ehemaligen Schlossbesitzers Heinrich Knipping und seiner Ehefrau Sibilla von Nesselrode mit Inschrift und Wappen. Die aus Sandstein gestalteten Figuren sind ein bedeutsames Dokument des westfälischen Adels jener Zeit und künden von Wohlstand und Reichtum: Der Hausherr in prächtiger Ritterrüstung, mit Schwert, Pettschaft, Handschuh und der einstigen Bartmode, seine Ehefrau mit Schmuck, Körbchen als Symbol der Hausherrin, Halskrause, in einem beeindruckenden Kleid der damals aktuellen Renaissance-Mode und schließlich zu ihren Füßen mit einem Hund als Symbol ehelicher Treue.

So lohnt sich auch der Weg von Gelsenkirchen nach Herten, wo sich – nur wenige Meter von der Stadtgrenze entfernt – die ehemals im Stadtgebiet Gelsenkirchens gelegene Grimberger Kapelle befindet. Von der alten Grimberg-Schlossanlage ist nichts mehr erhalten.

9 Haus Leythe – Grenzfestung an der Emscher
Ritterburg, Schloss, Bauernhof, Golfanlage

Nicht weit vom Grimberger Schloss entfernt, allerdings auf der nördlichen Emscherseite, befand sich der Adelssitz Haus Leythe. Diese zwischen den heutigen Ortsteilen Resse, Resser Mark und Erle gelegene Burg wurde im Laufe der Zeit mehrmals umgebaut und ist inzwischen Domizil des gleichnamigen Golfclubs.

Die Landschaft links und rechts der Emscher war vor allem wegen der regelmäßigen Überschwemmungen, Sumpf- und ausgedehnten Waldgebiete für größere Ansiedlungen sehr lebensfeindlich. Zwar überquerten einige Handelswege den Fluss, aber ein einheitlicher Siedlungsraum konnte dort nicht entstehen. Im Zusammenhang mit der Christianisierung geriet auch diese Region ab 800 n. Chr. in den Konfliktbereich zwischen Sachsen und Franken, wobei es Karl dem Großen nach mehr als 30 Jahren kriegerischer Auseinandersetzungen schließlich gelang, die sächsischen Volksstämme in den fränkischen Herrschaftsbereich einzugliedern. In einem nun strukturierten, geplanten Vorhaben entstand im Laufe der Zeit ein neues karolingisches Pfarrsystem, das erstmals auch in Karten und Urkunden mit verwaltungsmäßigen Grenzen beschrieben wird. Dadurch entwickelten sich entlang dieser natürlichen, geografischen Barriere territoriale Grenzen. So gehörte das auf der südlichen Flussseite gelegene Haus Grimberg mit Wattenscheid und Bochum als Zentren zur Grafschaft Mark, der südliche Teil mit dem Haus Leythe als Grenzfestung zum Vest Recklinghausen. Auf beiden Flussseiten entstanden wiederum an neuen, verkehrsgünstigen Plätzen Städte für den Handel mit Märkten und Gerichten – Machtzentren in einem neuen politischen Gefüge. Ab 1500 wurde zunehmend von heftigen Fehden, Grenzstreitigkeiten, kriegerischen Handlungen, Scharmützeln und gewalttätigen Attacken berichtet. Diese Abgrenzung und jeweilige Ausrichtung nach Nord und Süd mit der Emscher als Grenzfluss manifestierte sich im Laufe der Zeit sogar durch kulturelle Unterschiede im Brauchtum, im Dialekt und vor allem bei der jeweiligen konfessionellen Zugehörigkeit mit dem katholischen Vest Recklinghausen und der schon sehr früh dem lutherischen Glauben folgenden Grafschaft Mark.

Die Burg Leythe war im 12. Jahrhundert als „Offenhaus“ des „Erzbistums Cölln“ entstanden. Schließlich erwarb 1377 Wennemar von Leythe, der auch der Namensgeber ist, die Wasserburg von seinen Schwiegersohn Dietrich von Backem. Erstmals wird eine beachtliche Wassermühle im Jahr 1475 erwähnt. Die Anlage wechselte mehrmals die Besitzer, zu denen u.a. Anna von Backem, die Herren von Ovelacker und ab 1723 auch Franz von Nesselrode-Reichenstein aus dem benachbarten Herten gehören. Bilder aus jener Zeit zeigen eine entsprechend dem damaligen Zeitgeschmack umgebaute, prächtige und repräsentative

Haus Leythe: 1955 nur noch als Bauernhof mit Resten der alten Gräfte erhalten.

Schlossanlage. Ihre Sicherheitsfunktion hatte die Burg längst aufgrund der Erfindung des Schießpulvers verloren. Der aus dem heutigen Stadtwald am Goldberg entspringende Leyther Mühlenbach versorgte die Gräfte weiterhin mit Wasser, ebenso die dazu gehörende im Jahr 1941 abgerissene Mühle. Beim Bau der direkt neben der Anlage verlaufenden Autobahn 1934 mussten auch die drei großen Teiche weichen, bis auf einen kleinen, inzwischen ebenfalls nicht mehr vorhandenen „Restteich", der an die Zeiten erinnerte, als dort noch gefischt und Kahn gefahren wurde.

Ab dem 19. Jahrhundert existierte an dieser Stelle ein Gutshof, auf dessen Gelände dann der Golfclub Haus Leythe e.V. heimisch wurde. Nach Umbau- und Restaurierungsarbeiten wurde der Spielbetrieb im Jahr 1990 aufgenommen, Erweiterungen des Geländes für das Golfspiel folgten. Insbesondere nach dem naturnahen Umbau des Leyther Mühlenbachs mit sehr gut ausgebauten Wander- und Radwegen hat sich dieser Teil Gelsenkirchens inzwischen zu einem beliebten Naherholungsgebiet entwickelt.

10 Schloss Berge
Ein alter vestischer Adelssitz

Gelsenkirchen, eine überwiegend vom Bergbau geprägte graue Industriestadt – dieses Bild mit allen daraus resultierenden negativen Bewertungen bei zumeist flüchtigen und oberflächigen Betrachtungen entspricht überhaupt nicht den direkt vor Ort erfahrbaren Realitäten, wie man sich bei einem Besuch von Schloss Berge mit seinen weitläufigen Parkanlagen überzeugen kann.

In vorindustrieller Zeit gab es wie schon erwähnt allein in Gelsenkirchen zwölf Burgen, Schlösser und schlossartige Adelssitze. Das flache Land bot den Bewohnern keinen Schutz auf Bergrücken oder in Höhenlagen wie in anderen Regionen Deutschlands. So fand die Idee der „Motte" weite Verbreitung: In der Nähe eines Bachlaufs wurde ein ringförmiger Graben ausgehoben, der Erdaushub in der Mitte aufgeschüttet, sodass ein kleiner künstlicher Hügel entstand, auf dem man nun die vom Wasser umgebene und nur durch eine Zugbrücke zu erreichende Schutzburg errichtete. Diese Anlagen wurden ständig erweitert, im Laufe der Zeit entstanden großzügige nun durch mehrere ringförmige Gräben gesicherte Wasserburgen – allein in Westfalen mehr als 3.000, die dann wiederum mit der Erfindung des Schießpulvers ihre durch Wassergräben schützende Funktion verloren. Diese Anlagen wurden zunehmend zu repräsentativen, feudalen Schlössern umgebaut und dienten dem ansässigen westfälischen Landadel als Wohn- und Verwaltungssitz der umfangreichen Güter und Ländereien. Aus Wehrburgen wurden Schlösser.

Schloss Berge wird erstmals 1248 urkundlich als „Allodialgut" erwähnt, also als freies Eigentum des Besitzers, das ohne weitere Einschränkungen an die Kinder vererbt werden konnte. Im Laufe der Geschichte wechselten die Besitzer häufig, zu ihnen zählten die Herren von Backem zu Berge (1433–1521), die Freiherren von Boenen zu Berge (1521–1770) oder der Reichsgraf von Westerholt-Gysenberg auf Haus Berge, der die bereits ab 1900 verpachtete Anlage schließlich im Jahr 1924 für 1,4 Millionen Goldmark an die Stadt Buer verkaufte. Eine Auflistung aus dem Jahr 1770 macht noch einmal den Reichtum der Besitzer deutlich. Zu dem Anwesen gehörten mehrere benachbarte kleine Adelssitze wie Haus Darl, Haus Balken und Haus Dinsing, Mühlen, Gärten, 25 Wiesen, 35 Ackergründe, 96 hörige Bauerngüter, die als „abgabepflichtige Höfe" dem Schlossherren den „Zehnten" abliefern mussten. Weiterhin besaß der Schlossherr mit seinem „freien Rittersitz" in der Berger Mark das Recht auf Wildpferdefang, Fischereirechte in der Emscher und das Jagdrecht. Im Laufe der Zeit wurden im Zusammenhang mit Schloss Berge immer wieder Geschichten erzählt, deren Wahrheitsgehalt nie nachweisbar war. So soll Napoleon während seiner Flucht aus Russland hier genächtigt haben – man

Herbstliche Stimmung am alten Adelssitz.

zeigte den Besuchern dann stolz das „Napoleonzimmer" oder das des Ludwig van Beethovens, der als junger Mann wegen einer Romanze mit der gräflichen Tochter häufig das Schloss aufgesucht haben soll. Zahlreiche Baumaßnahmen außen und innen veränderten die Anlage immer wieder, so auch 1780, als der mittlere und südliche Flügel des Herrenhauses niedergerissen und mit einem Mansardendach neu aufgebaut wurden – so wie wir das Schloss heute noch sehen können. Im mittleren Teil des Schlosses ist noch das Wappen des damaligen Besitzers erhalten. Die Wohnungen befanden sich direkt am Park, mit schönem Ausblick auf die Gärten und damals freier Sicht bis zur Emscher. Mit dem Verkauf der Anlage an die Stadt Buer und neuer Nutzung als „Volkserholungsstätte" begann ein neuer Abschnitt in der Historie dieses prunkvollen Baus und der Anlage, die – so das Amt für Wirtschaftsförderung Gelsenkirchen im Jahr 1958 – „zu den schönsten Erholungsstätten des Ruhrgebiets" gehörte. Das machten in den 1950er- und 1960er-Jahren vor allem die vielen in Schlossnähe geparkten Busse mit ihren zahlreichen Besuchern aus den Nachbarstädten deutlich. Und so ist die ehemalige wehrhafte Wasserburg mit Restaurant, Hotel, Biergarten und dem Park bis heute ein lohnendes Ausflugsziel geblieben.

11 Der Berger Schlosspark
Ein grünes Juwel

Viele Gäste, die Gelsenkirchen zum ersten Mal besuchen sind überrascht, dass neben den zu erwartenden blau-weißen Farben auch besonders viel Grün vorherrscht. Tatsächlich machen Freiflächen 45% des Stadtgebiets aus, davon wiederum ein großer Teil die aus verschiedenen Epochen stammenden Parklandschaften wie die am Berger Schloss.

Zum Schloss Berge gehört auch der direkt angrenzende weitläufige Park als Teil des buerschen Grüngürtels. „Es gilt, die schädlichen Einflüsse der Industrie, der engen Bebauung, des Aneinanderwohnens selbst für die Bevölkerung zu mildern. Hier kann nur eines helfen, die Einstreuung von Grünflächen in die Bebauung und die Schaffung von Volkserholungsstätten“, so heißt es bei dem Autor Dr. Grosse-Boymann. Im Zusammenhang mit der Beschreibung der „idealen Siedlungsstadt Buer“ fährt er 1926 fort: „Die Grünanlagen sind die Lungen der Großstädte. So wird für genügend Atmung, genügend Erzeugung von Sauerstoff und Verarbeitung von Kohlensäure gesorgt.“ Diesem Ansinnen entspricht die Parkanlage von Schloss Berge in vollem Umfang. Hierzu gehört, direkt am Schloss angrenzend, der ab 1785 nach französischem Vorbild gestaltete Barockgarten, der später zum weitläufigeren, offenen englischen Landschaftsgarten erweitert wurde. In der Mitte der Anlage findet das als Blumenbeet gestaltete Stadtwappen jedes Jahr zahlreiche Bewunderer, ebenso der anschließende Kräutergarten mit entsprechender Beschreibung der angepflanzten heilsamen Pflanzen.

Etwas versteckt am Rande entfalten die beeindruckenden um 1700 geschaffenen Steinplastiken des Münsteraner Künstlers Mauritz Gröninger ihre Wirkung auf den Besucher, wie die Kriegerfigur David, Apollo mit Harfe und die Blumengöttin Flora mit Fruchtkorb. Zwischen 1923 und 1933 wurden die Grünanlagen unter der Leitung des Gartenbaumeisters Max Gey im Sinne eines Volksgartens weitgehend umgestaltet. Darüber hinaus entstanden als Arbeitsmaßnahme, damals „produktive Erwerbslosenfürsorge“ genannt, um 1930 in einer Talsenke des Loemühlenbachs der ursprünglich bis zu 7,5 Meter tiefe Berger See mit Ruderbooten und Karpfenzucht. Am nördlichen Seeufer befindet sich mit dem 18 Meter hohen im Jahr 1934 eingeweihten Ehrenmal, das an die zahlreichen Opfer der Kriege erinnert, ein markanter Punkt mit wunderbarer Aussicht auf den südlichen Teil Gelsenkirchens. Bei entsprechender Schneelage lud der als Terrasse angelegte Abhang zu unvergessenen Rodelfahrten ein, von dort oben bis auf den oft zugefrorenen See. Dahliengarten, großzügige Rasenflächen als „Spielwiese“, Kinderspielplätze und der „Märchengrund“ mit Quelle und einer im Schilf des angrenzenden Tümpels versteckten Nixenfigur und auch das Projekt „Kunst am Baum“ sind weitere Attraktionen. Nach wie vor ist auf dem

Die Berger Parkanlage mit Wasserfontäne. Rechts – versteckt hinter den Bäumen – ist Schloss Berge zu erkennen.

Gelände eine bunte Tierwelt inmitten der Stadt zu Hause. Allein 28 Vogelarten wie Singdrosseln, Mönchsgrasmücken, Nachtigallen, Zaunkönige, Stare, Dompfaffen, Eichelhäher und Fischreiher wurden 1969 bei einer Bestandsaufnahme gezählt.

Die beiderseits von Eschen gesäumte Aschenbrockallee als einst repräsentativer Zugang zur Schlossanlage von dem ehemaligen Gahlener Kohlenweg (heute Cranger Straße) und die in einem kleinen Rondell 1928 angepflanzte „Vereinigungslinde", die an die im selben Jahr erfolgte Zusammenlegung von Horst, Buer und Gelsenkirchen zu einer Großstadt erinnert, sind weitere sehenswerte Anziehungspunkte. Eine riesige Fontäne ist das Wahrzeichen des Schlossteichs, an dessen westlichen Teil sich die alte, längst abgerissene Berger Mühle und auf der gegenüber liegenden Seite ab 1900 wohl eine der ersten Freibadanlagen in Gelsenkirchen befanden. Ein attraktiver Besuchermagnet für Spaziergänger, Wanderer und Radfahrer ist der einladende Biergarten mit Ausblick auf Schlossteich und Fontäne. Tausende Gäste finden sich seit mehr als 50 Jahren zum traditionellen Sommerfest mit Livemusik bekannter Bands und Sänger, Kunstmarkt, kulinarischen Genüssen und dem Feuerwerk über dem Berger See auf Schloss Berge ein.

12 Schloss Horst
Von der Bauruine zum Schmuckstück

Schloss Horst: Diesen Namen verdiente kaum, was da ab 1930 als Gastronomie und Diskothek genutzt wurde. Der einstige Prachtbau aus dem 16. Jahrhundert glich einer Ruine. Ein Zustand, mit dem sich viele Horster nicht abfinden wollten. 1985 gründeten 240 von ihnen einen Förderverein – die Initialzündung zur Rettung des Gebäudes.

Ihr Ziel: den endgültigen Verfall zu verhindern und die zur Zeit ihrer Fertigstellung (1573) vierflügelige Anlage – damals eine der kunsthistorisch bedeutsamsten nördlich der Alpen – neu zu nutzen. „Die Initiative um den Vorsitzenden Johann Kollner wollte das Denkmal mit einer Gastronomie wieder zur guten Stube Horsts machen", so Elmar Alshut, Kunsthistoriker, Vereinsmitglied und von 1999 bis 2015 Schloss-Leiter.

Dass aus dem Renaissancebau schließlich so viel mehr wurde – neben der Gastronomie auch Standesamt, Bürgercenter, Museum, Veranstaltungsort, Stadtteilbibliothek und historische Druckwerkstatt – ist am Ende dem Einsatz vieler Verantwortlicher in Förderverein, Stadt und Land, aber auch einer Verkettung glücklicher Umstände zu verdanken. Da war etwa Dr. Lutz Heidemann, Gelsenkirchener Stadtplaner, der den Verein als Vorstandsmitglied wissenschaftlich begleitete und mit dafür sorgte, dass die Initiative als Partner auf Augenhöhe ernst genommen wurde. Oder NRW-Minister Christoph Zöpel, der bei einem eher zufälligen Besuch vor Ort den hohen Wert der Bauplastik erkannte und spontan eine millionenschwere Landesförderung zusagte. Worauf die Initiative lange hingearbeitet hatte, konnte so Realität werden: 1988 kaufte die Stadt das 11.000 Quadratmeter große Areal samt Schloss für 650.000 DM von der Familie von Fürstenberg.

Schloss Horst: historische Ansicht von Adolf Höninghaus aus dem Jahr 1842.

1990 begannen Archäologen des Landschaftsverbands Westfalen-Lippe (LWL) im Bereich des Schlosses und der Vorburg mit Ausgrabungen, die bis zu ihrem Ende 2005 nicht nur Spuren der Vorgängerbauten aus dem 11. und 12. Jahrhundert zutage förderten, sondern auch Fassaden-Fragmente, Medaillonstücke und Zeugnisse einer repräsentativen Hofhaltung wie Silber-Besteckteile und kostbare Gefäße. Die sogenannten Bautagebücher des adligen Bauherrn Rutger von der Horst (1519–1582) dokumentieren unterdessen die

Aufgang zum Schloss Horst.

Arbeitsaufträge an die Handwerker in der Bauphase von 1554 bis 1567 und deren Kosten – ein echter Glücksfall für die Forschung.

Auf der Basis eines Entwurfs des Frankfurter Architekten Jochem Jourdan wurde das Schloss von 1994 bis 1999 für 31 Millionen DM mit 90-prozentiger Landesförderung restauriert und teilweise wiederaufgebaut. „Zwischendurch drohte das Projekt allerdings immer wieder an Geldmangel zu scheitern", berichtet Alshut. Doch erst war es NRW-Minister Franz-Josef Kniola, selbst gelernter Steinmetz, der sich bei einem Ortstermin so für die Fassadenkunst der Renaissance-Handwerker begeisterte, dass er die Rettung des Gebäudes zur Chefsache machte. Und dann war es die Bundesgartenschau 1997 im Horster Nordsternpark, in deren Windschatten die Sanierung weiter vorangetrieben wurde. „NRW-Ministerin Ilse Brusis förderte uns schließlich, weil das Schloss gut ins Tourismuskonzept passte", so Alshut.

Mittlerweile hat sich das Denkmal als Bürger- und Kulturzentrum etabliert. Konzerte und Autorenlesungen machen es zum Publikumsmagneten. Sein architektonischer und kunsthistorischer Rang ist unbestritten, die hohe Qualität der Bauplastik unter dem Namen „Steinerner Schatz" (nicht nur) in Fachkreisen berühmt. Das Museum zum Thema Leben und Arbeiten in der Renaissance zählt jährlich rund 10.000 Besucher und soll noch erweitert werden. Dass das Schloss in den 1980er-Jahren eine verfallene Ruine war – dieser Teil der Geschichte gehört ins Museum.

Christiane Rautenberg

13 Hauptbahnhof Gelsenkirchen
Einfallstor in eine neue Welt

Ein bedeutendes Datum für die Geschichte Gelsenkirchens ist der 15. Mai 1847. An diesem Tag wurde die „Durchgangsstation für den Personenverkehr Gelsenkirchen" der Cöln-Mindener Eisenbahn (CME) durch Amtmann Kämper aus Wattenscheid, wozu Gelsenkirchen damals gehörte, eröffnet. Damit begann für Gelsenkirchen ein neues Zeitalter.

Die zunächst nur eingleisig befahrene Strecke durch das Emschertal mit einer Bretterbude für die Reisenden lag ungefähr einen Kilometer vom damaligen Ortskern entfernt, der vom Bahnhof aus auf einem Feldweg vorbei an Äckern, Wiesen und Weiden zu erreichen war. Im Dorf lebten gerade einmal 500 Menschen. Somit waren für die spätere Entwicklung bereits die Grundlagen gegeben: Der Verbindungsweg zwischen Bahnhof und Dorf entwickelte sich zur späteren Einkaufsmeile und Hauptgeschäftsstraße. Im Laufe der Zeit wurde der Bahnhof im städtischen Zentrum häufig umgestaltet und umgebaut, so auch im Jahr 1904, als die ebenerdigen Gleise höher gelegt und Überführungen gebaut wurden und Gelsenkirchen ein repräsentatives Bahnhofsgebäude erhielt. Inzwischen hatte sich auch die Funktion des Bahnhofs erweitert: Dem Güterverkehr kam nun eine sehr große Bedeutung zu, insbesondere der Wilhelminenbahn mit Anschluss an die Zeche „Wilhelmine Victoria" in Heßler und weiteren Verbindungen zum Schalker Verein (Hüttenwerk) in Bulmke und zur Zeche Dahlbusch.

Ab ungefähr 1880 begann eine der größten Binnenwanderungen, die es je gab. Vor allem junge Männer wanderten aus dem Osten des ehemaligen Deutschen Reichs nach Westfalen aus („do Westfalii"), wo sie sich eine bessere Zukunft, insbesondere im Bergbau erhofften. Bis zum Jahr 1908 verließen allein 140.000 Masuren ihre Heimat. Der im Emscherland zentral gelegene Bahnhof in Gelsenkirchen war für diese Zugereisten ohne Rückfahrkarte der Dreh- und Angelpunkt als Ankunfts- und Verteilungsstelle. Die Begrüßung der einheimischen Bevölkerung war oft sehr unfreundlich, die Ankommenden mussten sich Beleidigungen wie „Polnische Waschbären" oder Sprüche wie „Wo sich wohnt der Masur, da hört sich auf der Kultur" über sich ergehen lassen. Verließen die Zugewanderten aber, nachdem sie die imposante Halle mit den zahlreichen Fahrkartenschaltern und den Wartesälen der unterschiedlichen Fahrklassen durchquert hatten, das Bahnhofsgebäude, waren die zumeist aus kleinen Dörfern und ländlichen Siedlungen stammenden jungen Männer in einer anderen Welt. Hektische Betriebsamkeit, Droschken, Fuhrwerke, Radfahrer, Straßenbahn, Haltestellen, zu einem späteren Zeitpunkt Busse und Autos und immer viele Menschen prägten die ersten Eindrücke am Bahnhofsvorplatz, ebenso imposante Gebäude wie Hotels, Gaststätten und das

Postgebäude mit dem markanten Turm, der für die aus Osten Anreisenden, schon von Weitem sichtbar, zur ersten Begegnung mit dieser neuen Heimat werden sollte. Nur einige Meter weiter dann der überwältigende Blick in die Bahnhofsstraße: Riesige Warenhäuser und Einzelhandelsgeschäfte mit einem Angebot, das man so in dieser Fülle noch nie gesehen hatte. Dadurch entstand bei dieser ersten Begegnung auch die Hoffnung auf Teilhabe an diesen Verheißungen. Aber die Wirklichkeit war eine andere: Bereits am nächsten Arbeitstag fand man sich im Büro einer Zeche ein – und nicht selten war dieses Treffen dann mit einer ersten Grubenfahrt verbunden, nachdem man die zugewiesene Unterkunft aufgesucht oder zunächst bei Bekannten aus der „alten Heimat" ein Bett gefunden hatte. Die jungen Männer waren nun in einer ganz anderen Welt, die für sie und die nachfolgenden Generationen zu einer neuen Heimat werden sollte. Zunächst einmal war aber nichts mehr so wie zuvor.

Geschäftiges Treiben rund um den Hauptbahnhof in den 1950er-Jahren.

14 Das Hans-Sachs-Haus
In der Mitte der Stadt

Das Hans-Sachs-Haus zählt zu den sehenswertesten Rathäusern im Ruhrgebiet. Für uns in Gelsenkirchen ist es jedoch mehr als nur ein Rathaus. Es ist ein Ort der Demokratie, ein Zentrum des gesellschaftlichen Lebens und vor allem ein offenes Haus für die Menschen dieser Stadt.

Es ist schon einiges los im Hans-Sachs-Haus. Das stelle ich auf meinem Weg ins Büro ein ums andere Mal fest. Hier begegne ich Tag für Tag Menschen, die sich an der Stadt- und Touristinfo erkundigen, die Angelegenheiten im Bürgercenter erledigen, Veranstaltungen im Bürgerforum besuchen oder sich die Ausstellung zur Stadtgeschichte ansehen. Mehrere Hundert städtische Beschäftigte arbeiten hier. Viele Bürgerinnen und Bürger treffe ich beim Essen im hauseigenen Bistro. Es tut gut, zu sehen, dass die Gelsenkirchenerinnen und Gelsenkirchener gern hierherkommen, dass das Hans-Sachs-Haus ein lebendiger Treffpunkt für die Menschen in unserer Stadt ist. So selbstverständlich, dass es aus der Gelsenkirchener City gar nicht wegzudenken ist.

Dabei ist es noch nicht allzu lange her, da war es genau das: nämlich weg! Und zwar viele, viele Jahre. Zwar nicht aus dem Bewusstsein der Gelsenkirchenerinnen und Gelsenkirchener, die über diese lange Durststrecke hinweg weiter an „ihrem" Hans-Sachs-Haus hingen, aber weg als Rathaus und lebendiger Veranstaltungsort. Sanierungen waren an dem in die Jahre gekommenen Gebäude erforderlich. Und aus dem baufälligen alten Hans-Sachs-Haus das neue Hans-Sachs-Haus zu machen, das wurde eine langwierige und teilweise dramatische Geschichte. Es wurde aber auch die Geschichte einer engagierten Bürgerschaft, die sich mit viel Leidenschaft für ihr Hans-Sachs-Haus einsetzte. Die sich für den Erhalt des Hauses stark machte, mit dem sie zahllose Erinnerungen an schöne und denkwürdige Momente aus vielen Jahrzehnten verbindet.

Der Einsatz, das kann man sagen, hat sich gelohnt: 2013 öffneten sich die Türen des neuen Hans-Sachs-Hauses. Viele Tausend Gelsenkirchenerinnen und Gelsenkirchener kamen an diesem Tag, um das neu errichtete Gebäude hinter der backsteinexpressionistischen Fassade zu erkunden und um festzustellen: Das neue Hans-Sachs-Haus ist wie sein Vorgänger ein offenes und einladendes Haus. Ein Haus, das – im ursprünglichen Sinne kommunaler Demokratie – wieder das Haus der Bürgerinnen und Bürger ist. Diese Idee findet sich auch in der Gestaltung des Gebäudes wieder: Die mit viel Glas arbeitende Architektur macht die demokratischen Prozesse im wahrsten Sinne des Wortes transparent. Und das mitten in der Gelsenkirchener Innenstadt. Heute können wir feststellen: Mit der Rückkehr des Hans-Sachs-Hauses ist die Stadtgesellschaft wieder genau hier in der Gelsenkirchener City angekommen!

Aber das Hans-Sachs-Haus befindet sich nicht nur mitten in Gelsenkirchen,

Das Farbleitsystem im Hans-Sachs-Haus mit Oberbürgermeister Frank Baranowski.

sondern auch mitten im Ruhrgebiet. Kaum etwas macht das deutlicher als der Blick aus meinem Büro im obersten Stockwerk. Von hier oben hat man eine hervorragende Sicht über das Ruhrgebiet, an manchen Tagen bis zum Rathaus in Essen und noch weiter. Der Blick zeigt, dass das Ruhrgebiet eine Einheit formt, dass die Ruhrgebietsstädte bei aller Vielfalt einen gemeinsamen Raum bilden. Und das nicht nur heute, sondern unweigerlich auch in Zukunft, denn so viel steht fest: Die Zukunft des Ruhrgebiets lebt von dem Engagement eines jeden Einzelnen von uns. Das Hans-Sachs-Haus leistet hierzu einen wichtigen Beitrag: Es lädt dazu ein und regt dazu an, sich aktiv an unserem Gemeinwesen zu beteiligen. Und das, davon bin ich überzeugt, ist das Wichtigste, was ein Rathaus bewirken kann!

Frank Baranowski
Oberbürgermeister der Stadt Gelsenkirchen

15 Rathaus Buer
Aus dem Amtshaus wird das Rathaus

Als Kaiser Wilhelm II. im Jahr 1911 Buer mit seinen 67.000 Einwohnern die Stadtrechte zuerkannte, hatte man schon längst mit dem Bau eines neuen „Amtshauses“ begonnen. Doch diese Entscheidung bewirkte eine Namensänderung: Aus dem „Amtshaus“ wurde nun das „Rathaus“.

Im Frühjahr 1909 erfolgte die Ausschreibung für dieses Bauprojekt. Jedoch alle 62 eingereichten Entwürfe wurden für nicht geeignet gehalten. So beschloss die Amtsversammlung einen wesentlich größeren Neubau mit einem Turm nach einem Entwurf des Regierungsbaumeisters Josef Peter Heil. Die Arbeiten begannen im Juni 1910, bereits im April 1912 war das Rathaus bezugsfertig. Das im damals typischen historisierenden wilhelminischen Stil errichtete repräsentative Gebäude war auf dem neuesten Stand der Zeit: Neben Sitzungssälen, Büros für die entsprechenden Ämter und den Bürgermeister sowie einem Zimmer für die Polizei waren hier auch eine Telefon-, Zentralheizungs-, Entstaubungs- und Entwässerungsanlage sowie Waschküche und Wohnräume für die Hausmeister untergebracht. Am 21. September 1912 war es endlich so weit: In einer feierlich gestalteten Woche wurde das buersche Rathaus mit seinen etwas mehr als 100 Räumen und vier Sitzungssälen von dem Oberpräsidenten von Westfalen Prinz von Ratibor eingeweiht. „Buer versinkt im Fahnenmeer“, so titelte die örtliche Tageszeitung anlässlich dieses großen Ereignisses. Dr. Karl Russell bezog als erster Bürgermeister seine neuen Amtsräume, zusammen mit 110 Beamten.

In Buer hatte sich durch den fast 64 Meter hohen Rathausturm mit seiner markanten, geschweiften Haube gleichzeitig das Stadtbild verändert. Von nun an besaß die selbstständige Stadt ein weithin sichtbares Wahrzeichen mit großartiger Panoramasicht auf Stadt und Land. „Von dem Rundgang des Rathausturms aus bietet sich ein Blick über das 6.200 ha große Stadtgebiet mit seinen Grünflächen und Verkehrsstraßen. Fast das ganze Vest liegt vor uns. Wir sehen die unzähligen rauchenden Schlote der Zechen ringsum, wir sehen im Süden den fast undurchdringlichen Rauchschleier über den alten Industriestädten südlich der Emscher. Wir sehen den lebhaften Verkehr, der von den Außenstädten zur Stadt strömt und die neuen großen Geschäftshäuser, die sich nach und nach immer weiter an das Rathausforum heranbauen. In seiner architektonischen Eigenart ist das Rathaus richtungsgebend für die Bauform vieler öffentlicher und privater Gebäude“, so die Beschreibung der Aussicht vom Rathausturm und der Situation der wirtschaftlich aufstrebenden Stadt Buer im Jahr 1926. Mit dem Buerschen Forum, also Lyzeum, Polizei- und Finanzamt, kamen ab den 1920er-Jahren weitere Gebäude in dem nun neu entstehenden Verwaltungskomplex hinzu. Nach der Vereinigung von

Blick von der Polizeiwache zum Rathaus Buer.

Gelsenkirchen, Buer und Horst 1928 gab es in der neuen Stadt nun zwei Verwaltungssitze. So wurden Einrichtungen und Ämter verteilt, der Oberbürgermeister bezog seine Dienststelle im kurz zuvor fertiggestellten Hans-Sachs-Haus in Gelsenkirchen. Erweiternde Baumaßnahmen des buerschen Rathauses mit Büros und neuem Haupteingang an der Goldbergstraße erfolgten ab 1952.

Ein Highlight im Inneren dieses Erweiterungsgebäudes ist der 1953 gebaute, inzwischen stillgelegte und unter Denkmalschutz stehende Paternoster. Diese immer noch verwendbare technische Rarität wird am Tag des Denkmals in Betrieb gesetzt und lässt bei einer Fahrt so manche Erinnerung wach werden. Aber auch Kunstwerke wie das vom Gelsenkirchener Hubert Nietsch angefertigte Relief zum Thema „Arbeit, Familie und Kunst" und seine Bronzeplastik „Mann im Sturm" auf der kleinen Grünfläche rechts vom Goldbergstraßen-Eingang, ebenso die acht Glasfenster des Halfmannshof-Künstlers Eduard Bischoff in der Eingangshalle mit Bezug zu den acht Hauptämtern der Stadtverwaltung sind beachtenswert.

16 Musiktheater im Revier
Ort für Kunst, Kultur und Architektur

Der Zweite Weltkrieg hinterließ wie in vielen Städten Deutschlands auch in Gelsenkirchen eine Trümmerlandschaft. Mehr als 80% der Gebäude, Industrieanlagen und Flächen waren vernichtet. Selbst Einheimische hatten Orientierungsprobleme, sich in der zerstörten Stadt zwischen den Ruinen zurechtzufinden. Kein Stein war auf dem anderen geblieben.

Vieles musste neu aufgebaut, gestaltet oder restauriert werden: Wohnräume, Gebäude, Industrieanlagen, Verkehrswege – was gleichzeitig die Chance für einen Neubeginn und einer dem damaligen Zeitgeist entsprechenden Neugestaltung bedeutete. Diese zumeist ab den 1950er-Jahren entstandenen Bauten waren zu der Zeit oft heftiger Kritik ausgesetzt, galten sie doch als „schmucklos, zu einfach, spießig“. Inzwischen hat längst ein Paradigmenwechsel stattgefunden, wie das Beispiel des am 1. Dezember 1959 eröffneten heutigen Musiktheaters im Revier zeigt: Es ist nun ein das Stadtbild prägendes Architektur-Highlight. Der unter Denkmalschutz stehende bundesweit bekannte „Theater-Tempel“ gilt in seiner „zeitlosen Modernität“ als bedeutendes Bauwerk der deutschen Nachkriegsarchitektur. Der Komplex mit Kleinem und Großem Haus entstand nach einem Entwurf der Architekten Harald Deilmann, Max von Hausen, Ortwin Rave und Werner Ruhnau, die als Sieger eines vorausgegangenen Wettbewerbs hervorgegangen waren. Das Gebäude erinnert mit seiner großen Sichtfront in Richtung Ebertstraße an einen überdimensionalen aus der Zeit gefallenen Tempel, der die Umgebung als markantes, unübersehbares architek-

tonisches Meisterwerk beherrscht und prägt, umgeben vom städtischen Verkehr und Lärm, der als Sinnbild für das kulturelle Leben in der Stadt steht. Vor dem Eingang befindet sich ein abstraktes Betonrelief aus großformatigen Elementen des Briten Robert Adams. Im Foyer regiert die Farbe blau die Wand- und Schwammreliefs des Franzosen Yves Klein (1928–1962).

Das Musiktheater wirkt zeitlos – und war so seiner Zeit im Jahr 1959 mit seinem avantgardistischen Aussehen als Gesamtkunstwerk schon weit voraus.

Das Große Haus bietet 1.004, das Kleine Haus 336 Zuschauern Platz. Zurzeit finden jährlich ungefähr 250 Aufführungen statt.

Blick auf das Große Haus.

17 Kapelle in der Schalke-Arena
Sie ist schon etwas ganz Besonderes

Ein Ort der Stille inmitten von Spiel, Ekstase und Lautstärke. Wo vieles anonym geworden ist in unserer Zeit, wo Traditionen und Nachbarschaft sich verlieren, steht sie symbolhaft an einem Ort, der noch echte Heimat ist: die Spielstätte des FC Schalke 04.

Mit der Schalke-Arena entstand auch die erste christliche Kapelle in einem Bundesligastadion. Nicht die Vereinsfarben bestimmen hier das Geschehen, denn die Kapelle ist keine „Zauberbude", in der Kerzen für Siege entzündet werden oder für die Niederlage des Gegners gebetet wird. Sie ist ein Raum der Seele, der Ermutigung, der Barmherzigkeit und des Friedens.

Schon auf dem Weg vom Spielertunnel zur Kapelle hat der Künstler Alexander Jokisch zwei Bilder gestaltet: Fußballer kämpfen um den Ball. Denn auf dem Platz geht man aus sich heraus. In der Kapelle hingegen kann man in sich gehen. Wer sie betritt, durchschreitet zunächst ein geöffnetes Kreuz, das Lebenszeichen Gottes. Es lädt uns ein, hereinzukommen wie durch ein geöffnetes Tor. Wer dann vor der elfteiligen Altarwand steht, entdeckt Dynamik und Bewegung. Auf der rechten Seite erscheint tiefes Dunkel, auf der linken Seite leuchten die Linien hell, alles durchmischt sich wie in einem Wirbel. Ein vierjähriges Kindergartenkind nannte es einmal „Lebenswand", eine Frau mit geistiger Behinderung „Gefühlswand". Konfirmanden sagen gelegentlich mit einem Augenzwinkern: „Die dunkle Seite steht für Schwarz-Gelb, die helle Seite für Blau-Weiß".

Die Wand zeigt wie unser Leben von Sieg und Niederlage durchwoben ist. Täglich müssen wir Menschen uns den Herausforderungen und Fragen stellen. Entscheidungen sind zu treffen. In der Mitte aber macht ein großes Licht Hoffnung, das Licht von Ostern, das Geheim-

nis des Glaubens, von dem aus alles hell wird.

Hier finden sich nun auch Taufschale, Altar und Osterkerze. Kinder und Erwachsene werden hier getauft, Paare empfangen Gottes Segen. Verstorbener wird gedacht und Lichter werden entzündet. Menschen suchen seelsorgliche und beratende Gespräche, um neue Sichtweisen zu finden. Zahlreiche Gruppen kommen zu Führungen. Auch die Medien sind vielfältig interessiert. 1.500 Kinder und Erwachsene aus ganz Deutschland und dem deutschsprachigen Ausland sind seit 2001 hier getauft worden, 450 Trauungen und Jubiläumshochzeiten wurden gefeiert.

Und wer dann auch noch die letzte Verbundenheit mit seinem Verein zeigen oder suchen möchte, „Schalker bis in den Tod", der kann nur 500 Meter Luftlinie entfernt seine „himmlische Ruhe" finden: auf dem Schalker Fanfeld. In Vereinsfarben strahlen Fahnen und Grenzzaun, ein blau-weißer Ziergarten, mittendrin ein Stadion mit zwei Toren, Reihen- sowie Urnengräber und in der Mitte das 6,5 Meter große Vereinslogo. Letzte Heimat für Schalker. 1.904 Gräber stehen zur Auswahl, das Feld 09 gibt es nicht. Ein Fan eines konkurrierenden Vereins würde sich hier wohl nie beisetzen lassen.

Kapelle und Fanfeld, wie schön, dass es sie gibt!

Ernst-Martin Barth
Ev. Pfarrer der Kapelle Auf Schalke

Eingang zur Schalke-Kapelle.

18 Zeche Graf Bismarck
„Glückauf, der Steiger kommt“

Der Bergbau im Ruhrgebiet und somit auch in Gelsenkirchen ist Geschichte. Der Steiger kommt nicht mehr. Aber dennoch ist diese etwas mehr als 150 Jahre andauernde Zeit nicht vorbei. Gebäude, große, ehemalige den Zechen vorbehaltene Flächen, Verkehrswege, Siedlungsstrukturen und auch noch viele andere aufzuarbeitende Hinterlassenschaften erinnern an diese Zeit, als die Kohle Stadt und Region von Grund auf veränderte und die Lebenswelt der Menschen, ihren Alltag bestimmte und prägte.

In Gelsenkirchen gab es wie schon erwähnt um 1920 auf das heutige Stadtgebiet verteilt 14 Zechen mit 68 Fördergerüsten, 49.000 Bergleute: Hibernia, „Graf Bismarck“, Bergmannsglück, „Hugo“, „Ewald“, Scholven, Westerholt, „Wilhelmine“, Nordstern, Dahlbusch, Consolidation, „Alma“, Rheinelbe, Holland – so ihre Namen. Jede Zechengeschichte ist anders, aber es gibt viele Gemeinsamkeiten. Begeben wir uns auf eine kleine Zeitreise in eines dieser Bergwerke, die Zeche „Graf Bismarck“. Die Gründung der nach dem damaligen Reichskanzler benannten Zeche erfolgte 1868. Zunächst wurde die geförderte Kohle vom ersten Bismarck-Schacht mit Pferd und Wagen zum Bahnhof Schalke transportiert. 1874 waren es gerade einmal 3.002 Tonnen. Großer Bedarf und weitere Absatzmärkte erforderten neue Verkehrswege: Straßen, Erweiterung des Schienennetzes, schließlich am Rhein-Herne-Kanal ein eigener Zechenhafen. 1882 wurden 165.462 Tonnen gefördert, 1890 wurde ein Betriebsgewinn von 2 Millionen Reichsmark erwirtschaftet. In der ehemaligen Bauernschaft Erle, wo weitere Bismarck-Schächte entstanden, lebten bereits 3.000 Menschen, neun Jahre später zählte man 9.000 Einwohner – fast alle Männer waren auf dem Pütt beschäftigt. 4,1% der Bevölkerung stammten aus dem heimischen Umfeld. Den größten Teil machten Zuwanderer aus: 56,3% aus Ostpreußen, die restlichen verteilten sich auf Westpreußen, der Region um Posen, aus dem Sauerland, Bayern und Hessen. Sie alle gemeinsam fanden in diesem Schmelztiegel eine neue Heimat. Menschen aus Schlesien, später ab Ende der 1950er-Jahre aus Italien, Spanien, der Türkei, ja sogar aus Korea kamen hinzu – und alle trugen ihren Teil dazu bei, den Aufbau des Landes nach dem Krieg zum „Wirtschaftswunder“ voranzutreiben. Im Mittelpunkt des Geschehens, natürlich: der Bergmann. Aber in der Zechen-Werkszeitschrift „Licht vor Ort“ ehrte man ebenso Jubilare für 25 und 50 Jahre Arbeit mit Berufsbezeichnungen wie „Koksmeister, Bremser, Garagenmeister, Lampenarbeiter, Schrankenwärter, Verwieger, Bote, Schlepper, Anschläger, Anknebler, Schießmeister“ – insgesamt fast 100 verschiedene Berufe und Tätigkeiten. Dazwischen immer wieder: wirt-

Zeche „Graf Bismarck“ mit den Schächten 3/5 an der noch nicht bebauten Frankampstraße im Jahr 1907.

schaftliche Krisen, Entlassungen, soziale Spannungen, Streiks, Grubenunglücke.

Weitere Bismarck-Schachtanlagen an anderen Standorten kamen hinzu. Der Kohleabbau hatte längst die 1.000 Meter Tiefe überschritten, das abzubauende Grubenfeld erweiterte sich ständig und umfasste die heutigen Stadtteile Erle, Resse, Resser Mark, Sutum, Schalke und Bismarck. Am 30. September 1966 war dann Schicht im Schacht. Mehr als 8.800 auf dem Pütt beschäftigte Arbeitnehmer verloren ihren Arbeitsplatz. Es brodelte in Gelsenkirchen, zumal auch andere Schachtanlagen wie Dahlbusch in Rotthausen auf der Streichliste standen. Heftige Proteste, alle Versuche, es zu verhindern, waren letztendlich vergeblich. Ab jetzt war nichts mehr wie zuvor. Soziale Strukturen und vermeintliche Sicherheiten brachen auseinander, Menschen zogen in andere Regionen, während sich die Chefs aus der Führungsetage schon längst andere Arbeitsplätze gesichert hatten. Die Zeit, als Kohle noch Zukunft hatte, war auf einen Schlag vorbei. So weit „Graf Bismarck“.

„Heimatgefühl, ja: Heimatliebe, eine eigene Identität. Das sind wesentliche Voraussetzungen, um hoffnungsvoll eine neue Zeit anzugehen. Vor allem bei der Integration. Integration ist der Schlüssel zur Bewältigung der Zukunft. Hier weiß man, dass es nicht so wichtig ist, woher einer kommt, sondern wie einer und eine vor Ort angenommen wird und wie man sich vor Ort verhält und bewährt“, so Frank Walter Steinmeier am 21. Dezember 2018 zum Ende des Steinkohlenbergbaus. Er fährt fort: „Das Wichtigste sind die Menschen, die sich nicht unterkriegen lassen, die gewohnt sind, ihr eigenes Leben in die Hand zu nehmen und die in jedem Abschied auch einen neuen Anfang sehen.“

19 William Thomas Mulvany (1806–1885)
Industriepionier der ersten Stunde

William Thomas Mulvany erkannte Mitte des 19. Jahrhunderts die Perspektiven des Ruhrgebiets und beschaffte Kapital für Investitionen und Bergtechnik-Know-How. Die von ihm geführte Zeche Hibernia wurde die erste fördernde Zeche auf Gelsenkirchener Gebiet. Im Prozess der Industrialisierung vollbrachte er seine größten Leistungen als Organisator der Schwerindustrie.

William Thomas Mulvany wurde am 11. März 1806 bei Dublin geboren. Mitte der 1830er-Jahre wurde er im britischen Irland Zivilingenieur und machte Karriere beim Infrastrukturausbau. Nach seiner Pensionierung infolge eines Regierungswechsels folgte Mulvany 1854/55 einem Angebot, im Ruhrgebiet eine Zeche aufzubauen, und übernahm die Leitung der Zeche Hibernia, die nach seiner Heimat Irland benannt war. Mithilfe angeworbener Techniker aus dem industriell fortschrittlicheren Großbritannien verbesserte er den Schachtbau durch den Einsatz eiserner Ringe, sogenannter Tübbings, die Wasserzuflüsse verhinderten und den Schachtausbau erheblich beschleunigten. In Herne wurde unter Mulvanys Leitung die Zeche Shamrock (= irische Bezeichnung für das Kleeblatt, das inoffizielle Nationalsymbol der Iren) errichtet, in Castrop die Zeche Erin (= keltischer Name für Irland).

Mulvany betrieb nicht nur den Aufbau einzelner Zechen, sondern sah seine Aufgabe in der Organisation des schwerindustriellen Sektors und im Ausbau der Vernetzung der Montanindustrie. Seiner Ansicht nach waren nur größere Einheiten in der Lage, wirtschaftlich zu arbeiten und im internationalen Wettbewerb zu bestehen. Er selbst unternahm schon 1866 den Versuch, eine Verbundwirtschaft zwischen Kohle, Eisen und Stahl zu bilden. Er fasste mehrere Montanbetriebe als Preußische Bergbau- und Eisenwerksgesellschaft zusammen, sein Unterfangen misslang jedoch in der „Gründerkrise" nach 1873.

Obwohl er gescheitert war, verfolgte er den Gedanken der Organisierung der Montanindustrie weiter. Mulvany beteiligte sich so an der Gründung eines Unternehmensverbandes im Ruhrbergbau. Als 1858 der Verein für die bergbaulichen Interessen im Oberbergamtsbezirk Dortmund gegründet wurde, rief man Mulvany in den Vorstand. Aufgrund seines Wirkens verlieh ihm der Verein 1880 die Ehrenmitgliedschaft. Bei der weiteren Organisierung der Ruhrunternehmerschaft gingen wesentliche Initiativen wiederum von Mulvany aus. Er wurde erster Präsident des Vereins zur Wahrung der gemeinsamen wirtschaftlichen Interessen in Rheinland und Westfalen, der umfassend die Unternehmerinteressen vertrat. Als er schließlich 1883 abtrat, machte der Verein Mulvany zum Ehrenpräsidenten. Weiterhin entstand – ebenfalls auf seine Initiative – 1874 der Verein Deutscher Eisen- und Stahlindus-

William Thomas Mulvany (1806–1885).

trieller mit der Nordwestlichen Gruppe des Vereins Deutscher Eisen- und Stahlindustrieller. Auch hier war Mulvany in die Arbeit des Vorstandes eingebunden. Weitere Ehrenämter machten ihn zu einem führenden Interessenvertreter der Ruhrwirtschaft. Sein Ansehen zeigte sich darin, dass am 17. März 1880, am 25. Jahrestag der Aufnahme seiner Arbeit im Ruhrgebiet, zu seinen Ehren eine Feierstunde ausrichtet wurde. Die Stadt Gelsenkirchen ernannte Mulvany zu ihrem Ehrenbürger.

Bei seiner Vertretung der Interessen der Schwerindustrie des Ruhrgebiets war Mulvany ein typischer Repräsentant der autoritären frühkapitalistischen Zechenherren und Schlotbarone. Ein Verständnis für die Belange der Arbeiterschaft entwickelte er nicht, er bekämpfte gewerkschaftliche Interessenvertretung, forderte Maßnahmen gegen die Sozialdemokratie und war einer der Initiatoren der „schwarzen Listen“ gegen aufmüpfige Arbeiter.

Am 30. Oktober 1885 starb William Thomas Mulvany, beerdigt wurde er in Düsseldorf.

Prof. Dr. Stefan Goch

20 Die Gelsenkirchener Bergwerks-AG
Einer der größten Montankonzerne

Aus Zechen in Gelsenkirchen(-Ückendorf) ging ein Konzern hervor, der zeitweise einer der größten Montankonzerne der Welt war. Unter Führung des belgischen Bergingenieurs Charles Détillieux begannen 1855 die Arbeiten für die Zeche Rheinelbe. Daneben wurde 1873 ein „Alma" genanntes Abbaufeld geschaffen. 1877 wurde die Zeche „Alma" mit der Zeche Rheinelbe zusammengelegt. Von 1877 bis 1879 und erneut von 1882 bis 1887 war die Zeche „Vereinigte Rheinelbe und Alma" mit ihren zahlreichen Schächten die größte Zeche im Ruhrgebiet.

Nach der Gründung des Deutschen Reiches 1871 fasste der Industrielle Friedrich Grillo mehrere Zechen mit ausländischer Beteiligung zu einem Unternehmen unter deutscher Leitung zusammen. Seine Motive wurzelten in einem gesteigerten Nationalbewusstsein nach dem Deutsch-Französischen Krieg sowie der Reichsgründung und in der Hoffnung, durch Konzentration eine Stabilisierung von Produktion und Absatz zu erreichen. Ausgangspunkt der neu gegründeten Gelsenkirchener Bergwerks-AG (GBAG) war der Kauf von Rheinelbe und „Alma" 1873.

Der eigentliche Baumeister der GBAG wurde Emil Kirdorf (1847–1938). Er war einer der angestellten Manager, die nicht Eigentümer ihrer Konzerne waren. Zunächst kaufmännischer Direktor, wurde er 1893 Generaldirektor und blieb es bis 1926. Unter seiner Leitung wurde die GBAG zum größten Bergbauunternehmen Europas. Obwohl angestellter Manager, ist Kirdorf ein Prototyp des reaktionären Schlotbarons. Er wollte „Herr im Haus" in „seinem" Unternehmen sein. Er lehnte Eingriffe in Unternehmerrechte ab und bekämpfte die Arbeiterbewegung. Die Weimarer Republik nannte er „Pöbelherrschaft" und wurde früh aktiver Förderer Adolf Hitlers. Durch die Übernahme weiterer Zechen erweiterte Kirdorf die GBAG und baute sie zu einem gemischten Konzern aus (u.a. mit dem Schalker Verein). 1904 hatte die GBAG knapp 25.000 Beschäftigte und dehnte sich ins Aachener Revier sowie nach Luxemburg und Lothringen aus.

Nach dem Ersten Weltkrieg verlor die GBAG ihren Besitz im Ausland. Zur Kompensation der Verluste kam es 1920 zur Gründung der Rheinelbe-Union, einer Interessengemeinschaft mit der zum Stinnes-Imperium gehörenden Deutsch-Luxemburgischen Bergwerks- und Hütten-AG und dem Bochumer Verein. Kurzzeitig wurde dieser Zusammenschluss zur Siemens-Rheinelbe-Schuckert-Union erweitert. Ziel dieses Konzerns waren gewinnbringende Betriebsgrößen und Rationalisierungsgewinne durch Synergieeffekte. 1926 ging das Unternehmensagglomerat in der Vereinigte Stahlwerke AG auf, die GBAG war deren größter Aktionär. Der Riesentrust ver-

Zeche Rheinelbe.

fügte 1933 über 48 Schachtanlagen, 30 Kokereien und 19 Hochofenwerke. Die Vereinigten Stahlwerke wurden mehrfach umorganisiert, wobei der Name der GBAG fortlebte.

Nach der Befreiung vom Nationalsozialismus erfolgten unter alliierter Kontrolle eine Entflechtung und Neuordnung der Montanindustrie. Schon bald setzten aber Rückverflechtungen ein. Dabei wurde der Name GBAG weiterverwendet, nun für eine Holdinggesellschaft mehrerer Bergwerksgesellschaften. Mit einem Anteil von 16% an der Förderung des Ruhrgebiets war die GBAG 1956 das größte Bergbauunternehmen der Bundesrepublik. Bei der Gründung der Ruhrkohle AG 1968 brachte die GBAG ihren Bergbaubesitz in die neue Einheitsgesellschaft ein. Der Name lebte noch in der Gelsenberg Benzin AG weiter: Die GBAG-Tochter war 1936 zur Produktion von Flugbenzin gegründet und nach der Befreiung vom Nationalsozialismus auf Mineralölverarbeitung umgestellt worden. Sie wurde 1975 Teil des VEBA-Konzerns und kam 2002 zur BP.

Das am 3. April 1917 verliehene Ehrenbürgerrecht der Stadt Gelsenkirchen wurde Emil Kirdorf wegen seiner Förderung des Nationalsozialismus am 8. September 1989 aberkannt.

Prof. Dr. Stefan Goch

21 Das „Dorf der Brauer und Brenner"
Glückauf-Brauerei

Bierbrauen kann im Ruhrgebiet auf eine lange Tradition verweisen. Fast jede Bauernschaft, jedes Dorf verfügte über eigene Braukessel und entsprechenden Ausschank. So wird Gelsenkirchen in den Aufzeichnungen des Bochumer Schriftstellers und Heimatforschers Dr. Carl Arnold Kortum (1745–1824) als das „Dorf der Brauer und Brenner" bezeichnet.

Und das kommt nicht von ungefähr. Sechs nachweisbare Malzmühlen im 17. Jahrhundert und 19 Braukessel in 63 Häusern im Jahr 1664 sind ein eindeutiger Beleg für Kortums Beschreibung. Die allerdings insgesamt nur geringe Bierproduktion reichte aber nicht mehr aus, als der Bergbau Gelsenkirchen erreichte und zunächst einmal überwiegend Männer hier heimisch wurden. Überall entstanden Kneipen, Stehbierhallen und zusätzlich noch Branntweinhandlungen. Trunksucht war weit verbreitet und ein großes Problem, das man allerdings nicht in der Intensität wie heute und als Krankheit wahrnahm, dem man aber im Alltag auf der Straße und vor allem in den Bergarbeiterkolonien stets begegnete. Allein in Gelsenkirchen gab es in den Jahren um 1878 bei 11.300 Einwohnern 127 Gaststätten. Betraten die Bergleute der Zeche „Graf Bismarck" 2/6/9 nach Beendigung ihrer Schicht die Wilhelmstraße in Erle, so hatten sie entlang dieser Straße auf 500 Metern die Auswahl zwischen sieben Gaststätten. In besten Bergbauzeiten in den 1950er-Jahren gab es in diesem Stadtteil mit seinen damaligen 30.000 Einwohnern 98 Wirtshäuser, die den ganzen Tag überfüllt waren, immer nach Schichtende – gab es doch die Morgen-, Mittag- und Nachtschicht –, besonders aber an den drei Tagen der Lohnzahlung im Monat. Diese Gaststätten in Gelsenkirchen wurden zunächst mit Bier aus dem benachbarten Bochum, Eickel und Dortmund versorgt, bis schließlich im Jahr 1887 für die stets durstigen Bergmannskehlen eine Brauerei in Ückendorf in unmittelbarer Nähe der Zeche Rheinelbe gebaut wurde. Die nach dem Bergmanngruß benannte Glückauf-Brauerei verfügte zunächst über ein Sud- und Kesselhaus sowie Burschenwohnhaus mit 22 Betten und wurde bereits 1892 durch ein neues Sudhaus modernisiert. Gründer dieser Großbrauerei mit besten Geschäftsaussichten waren der aus Ibbenbüren stammende Hermann Pokorny, der Bauunternehmer Peter Büscher, der auch die Gebäude errichtete und der Gutsbesitzer August Strunk, der durch den Verkauf seiner Ländereien an die Industrie, die zu dieser Zeit für den Bau ihrer Werke große Flächen benötigte, über das notwendige Kapital verfügte. Ständige Veränderungen und Erweiterungen sorgten für stets hohe Qualität des Bieres. Lange Zeit gehörten die kreuz und quer durch Gelsenkirchen fahrenden Pferdekutschen mit den riesigen Eichenfässern und dem auffälligen „Glückauf-Brauerei"-Schriftzug, die zahlreiche Gaststätten belieferten, zum alltäglichen Bild auf den Gelsenkirche-

Kutscher Franz Neuhaus mit Glückauf-Bier im Jahr 1925.

ner Straßen – und auch die ungezählten Trinkhallen wurden entsprechend versorgt. Dort wurde das Bier in Flaschen ganztägig und auch, verbotenerweise, an Sonn- und Feiertagen verkauft. Übrigens: mit einem Pfandgeld von zehn Pfennig. Fehlte bei der Flaschenrückgabe der damals noch übliche Bügel, wurden nur acht Pfennig erstattet. In betriebseigenen Stallungen wurden bis zu 75 Pferde versorgt. Das Bier mit dem Bergmannsgruß verkaufte sich bestens. Betrug der Bier-Ausstoß im Anfangsjahr 6.052 Hektoliter, waren es im Jahr 1914 bereits 114.000 Hektoliter – so wurden analog zur Bevölkerungsentwicklung ständig steigende Produktionsmengen erreicht. Zum Erfolg trug letztendlich nicht nur die Ortsnähe und die Bierqualität bei. Schon sehr früh hatte man die Bedeutung von Werbung erkannt. Bierdeckel, Karten, Gläser und Krüge dieser Brauerei, die am 4. Februar 1980 endgültig den Betrieb einstellte, sind heute beliebte Sammlerobjekte. Die Gebäude sind längst abgerissen, das Gelände mit Mehrfamilienhäusern neu bebaut. Einzig das Haus der ehemaligen Brauerei-Gaststätte mit dem stadtbekannten „Glückauf-Keller“, beliebter Treffpunkt der Künstler des nahe gelegenen Halfmannshofes, erinnert an die Brauerei.

22 Zum Einkauf in die Stadt
Die Bahnhofstraße

Die Geschichte der Bahnhofstraße ist besonders in den Anfängen ganz anders verlaufen als die der buerschen Einkaufsmeile. In Gelsenkirchen gibt es im Gegensatz zur Hochstraße bei der Entwicklung zur Einkaufsstraße feste Bezugspunkte mit dem Bahnhof, dem Vorplatz und dem alten Dorf Gelsenkirchen.

Im Jahr 1755 schreibt von Steinen, ein „westfälischer Reiseschriftsteller“: „Gelsenkirchen ist ein aus mehr als 100 Haushaltungen bestehendes Kirchdorf im Amt Bochum, zwischen Essen und Bochum gelegen, und ist die Gegend umher sehr fruchtbar.“ Das Wegenetz war recht überschaubar. Seit längerer Zeit existierte eine Verbindung von dem kleinen Dorf, in dem 1840 gerade einmal 600 Menschen lebten, vorbei an Feldern und Wiesen in Richtung Süden nach Wattenscheid und Bochum, bis schließlich am 15. Mai 1847 der erste Zug der Cöln-Mindener Eisenbahn den Gelsenkirchener Bahnhof erreichte und kurze Zeit danach die Steinkohleförderung auf der in unmittelbarer Nähe gelegenen Zeche Hibernia begann. Damit bekam auch das ungefähr 800 Meter kleine Teilstück des Weges nach Bochum zwischen Dorf und Bahnhof in Gelsenkirchen eine neue Bedeutung. Bereits 1840 hatte Gemeindevorsteher Heinrich Mönting den Ausbau dieses überwiegend von ortsansässigen Bauern, Köttern und Handwerkern genutzten, zumeist matschigen und versumpften Weges gefordert, der dann auch 1853 mit dem Beschluss zum „Ausbau der Chaussee zum Bahnhof“ erfolgte. Gleichzeitig begann die Bebauung mit ersten Wohnhäusern, Geschäften und Hotels. Immer mehr Baulücken wurden geschlossen. 1873 begründete Gemeindevorsteher Heinrich Herbert daher begeistert seinen Antrag, Gelsenkirchen zur Stadt zu erheben: „Es ist nicht als Übertreibung zu betrachten, wenn ich behaupte, daß auf dem ganzen Kontinent, auf keinen so kleinen Raum sich eine so wirtschaftliche und industrielle Entwicklung von so ungeheuren Dimensionen vollzogen hat wie hier in Gelsenkirchen. Die Bahnhofstraße darf sich kühn zu den besten und schönsten Straßen im großen Umkreis zählen.“ Goldgräberstimmung in Gelsenkirchen. Und die Entwicklung ging weiter: An der ab 1863 sogar mit einer Gasbeleuchtung ausgestatten Straße siedelten sich Gaststätten, Hotels, Restaurants, Cafés, amtliche Dienststellen, ab 1911 mit dem „Apollo-Theater“ das erste Lichtspielhaus in Gelsenkirchen und immer wieder neue Geschäfte an. Ab 1900 waren auch Kaufhäuser wie Sinn, Overbeck und Weller und der Kaufpalast der jüdischen Eigentümer Gebr. Alsberg, ab 1933 nach Enteignung unter dem Namen Westfalen-Kaufhaus (WeKa), zu finden. Inzwischen hatte sich die Bahnhofstraße weitgehend zu einer reinen Geschäfts- und Einkaufsstraße entwickelt. Fuhren

Bahnhofstraße: die Einkaufsmeile in den 1950er-Jahren.

anfangs noch Postomnibusse durch die Straße, die an Gaststätten mit gelber Fahne darauf aufmerksam gemacht wurden, dass hier Fahrgäste mitfahren wollten, so waren es später Straßenbahnen, Pferdekarren, Kutschen und Autos, während es zu Staus auf den schmalen, beidseitigen Bürgersteigen kam. Dies änderte sich 1960: Die Bahnhofstraße wurde zu einer der ersten Fußgängerzonen in Deutschland umgebaut – und die Menschen beobachteten sichtlich irritiert, wie die Bürgersteige entfernt wurden. Zusammen mit den Autos wurden die Straßenbahnlinien auf andere Strecken umgeleitet. Ein Bummel auf der ab jetzt nur Fußgängern vorbehaltenen, quirligen Bahnhofstraße war für die Menschen aus den umliegenden Stadtteilen stets ein besonderes Ereignis. „Wir fahren in die Stadt", hieß es dann.

Am südlichen Ende der Einkaufsstraße in unmittelbarer Nähe zum Bahnhof mit dem Vorplatz befand sich das städtische Zentrum: hohes Verkehrsaufkommen, verschiedene Straßenbahnlinien, innerstädtische und auch in Nachbarstädte führende Buslinien, Taxistände, Hotels, Kinos, Restaurants, das Postamt, erste „Imbissbuden mit Curry-Wurst und Pommes". Jahrzehntelang prägen hektische Betriebsamkeit und das Treiben der vielen Reisenden Tag und Nacht das Bild dieses Ortes.

23 Einkaufsstraßen in der bipolaren Stadt
Rund um die Hochstraße in Buer

Gelsenkirchen ist eine bipolare Stadt – und hatte und hat so manches noch doppelt. Längst ist sie aber mit dem ehemaligen Kirchdorf Gelsenkirchen im Süden, der ehemaligen Freiheit Buer im Norden und Horst im Westen zu einem gemeinsamen städtischen Gebilde, zu einer modernen Großstadt, zusammengewachsen.

Im Jahr 1928 erfolgte aufgrund eines entsprechenden Neuordnungsgesetzes mit der Vereinigung von Buer, Gelsenkirchen und Horst zu einer gemeinsamen Stadt ein Neuanfang in der kommunalen Geschichte. Das bedeutete: Die neue Industriegroßstadt hatte von nun an vieles doppelt. Straßennamen mussten geändert, ein neues, gemeinsames Wappen gestaltet werden, Rathaus, Finanzamt, Amtsgericht gab es je zweimal. Zunächst unter dem Namen „Gelsenkirchen-Buer", wurden die ehemaligen Stadtgemeinden Buer und Gelsenkirchen mit der Landgemeinde Horst Emscher am 21. Mai 1930 auf Beschluss des preußischen Innenministeriums in „Gelsenkirchen" umbenannt. Einzigartig in Deutschland war, dass eine Stadt bei der Einführung der Postleitzahlen 1961 gleich zwei erhielt: „465 Gelsenkirchen" und „466 Buer". Und mit der Hochstraße in Buer und der Bahnhofstraße in Gelsenkirchen besaß die Stadt auch zwei attraktive Einkaufsstraßen.

Die Hochstraße verläuft als zentrale Leitlinie mitten durch das alte Dorf und die spätere Freiheit Buer, im nördlichen Teil direkt an der St.-Urbanus-Kirche vorbei, dem Mittelpunkt des dörflichen Lebens und der 16 umliegenden Bauernschaften. Entlang dieses Weges, in zentraler Lage, wohnten zunächst einige „Pohlbürger" der kleinen Ansiedlung, aber auch Gastwirtschaften, Handwerksbetriebe, eine Dampfmühle sowie die kaiserliche Postverwaltung waren hier ansässig, ab 1806 zudem die bis heute existierende Alte Apotheke und der angrenzende Altmarkt, der auch als Kirmesplatz genutzt wurde. Nachdem der Bergbau ab 1870 auch die nördliche Region und somit Buer erreicht hatte, waren für die Provinzialstraße, 1898 taucht in einem Gemeindeprotokoll erstmals die Bezeichnung „Hochstraße" auf, umfangreiche Veränderungen erforderlich. Zunächst einmal mussten Markt und Kirmesplatz aufgrund einer neuen Gesetzeslage von der Hochstraße an den Ortsrand verlegt werden. Die alte Urbanus-Kirche war bereits fünf Jahre zuvor durch einen neuen Kirchenbau ersetzt worden und die ersten Straßen erhielten nun Hausnummern und Namensbezeichnungen, hatte es zuvor doch nur Hof-, Flur- und Nachbarschaftsbegriffe gegeben. 1893 wird in einem Verwaltungsbericht erwähnt, dass die Bewohner zur Einweihung der katholischen Pfarrkirche am 9. und 10. Oktober „im regen Eifer alle Straßen und Häuser in das schönste Festgewand gekleidet und die Hauptstraße in eine wahre via triumphalis umgewandelt hatten."

Weitere Modernisierungen folgten: 1895 die Einführung von Gaslaternen, 1901 wurden die Straßenbahnlinien von Bismarck und Horst in die Hochstraße geführt, es entstanden in der Zeit ab 1900 zunehmend neue Geschäfte, Cafés, Hotels, 1912 als Highlight das „Apollo-Kinotheater", mit den Firmen Alsberg, Fischer und Weiser in zentraler Lage neue, die Hochstraße prägende Warenhäuser. Durch den Ausbau weiterer Straßen wurde auch der damals schon starke Durchgangsverkehr erfolgreich von der Hochstraße aus der Ortsmitte verlagert, indem unbebautes Gartenland der St.-Urbanus-Gemeinde verkauft und neue Straßen wie die Hagen-, Maximilian-, Ophof- und Beisenstraße mit Wohnhäusern im buerschen Zentrum entstanden. Trotzdem: Lange Zeit blieb die Hochstraße eine reine Durchgangsstraße, bis sie schließlich in den Jahren 1968 bis 1970 zu einer Fußgängerzone umgebaut wurde; und so ist es geblieben. Bis heute sind die Hochstraße, die Geschäfte im Zentrum und der Wochenmarkt mit vielen Veränderungen ein bedeutender Teil buerscher Geschichte mit einem attraktiven Warenangebot.

Blick in die Hochstraße vom heutigen Goldbergplatz, mit St. Urbanus im Hintergrund (1905).

24 Rhein-Herne-Kanal
Wasserstraße und Ruhrgebietsriviera

Schon lange ist die große Zeit des mitten durch das Ruhrgebiet und durch Gelsenkirchen verlaufenden Rhein-Herne-Kanals als meistbefahrene Wasserstraße Europas vorbei. Mit dem Ende des Bergbaus entwickelte sich die ehemalige „Schlagader" des Kohle- und Erztransports zu einem „Kulturkanal" der Ruhr-Metropole mit hohem Freizeitwert.

Mit dem planmäßigen Kohleabbau an der Ruhr und den somit ständig größer werdenden Fördermengen mussten auch neue Transportwege erschlossen werden. Vor dem Ausbau der Ruhr zum Schifffahrtsweg und des bereits vorhandenen, allerdings mühseligen und teuren Kohletransports mit Pferd und Wagen zur damaligen schiffbaren Lippe nach Gahlen entstand der Plan, mit der Schiffbarmachung der Emscher ab Crange erhebliche Verbesserungen zu erreichen. Ein 1767 gestellter Antrag des Steuereinnehmers Engelbert von Oven aus Eickel an den preußischen König, in dem er die Notwendigkeit und die ökonomischen Vorteile ausführlich begründete, hatte allerdings keinen Erfolg: „Es hat Ew. Königliche Majestät nicht gefallen, die conditiones zu bewilligen, unter welchen die Schiffbarmachung des Emscherflusses offeriret wurde", teilte man ihm aus dem fernen Berlin mit.

Um 1880 wurde im Zusammenhang mit der Industrialisierung erneut der Ruf nach einem Kanalbau laut, aber erst einige Jahre später und nach vielen Widerständen der „Kanalrebellen" – national-konservative preußische Junker, die Deutschlands Zukunft im Osten des Deutschen Reichs sahen, eigentlich aber große Gefahren in einem wirtschaftlich starken Ruhrgebiet mit wachsenden sozialistischen Kräften und weitere Abwanderungen von Arbeitskräften befürchteten – wurde schließlich die alte Idee zunächst unter dem Namen „Emscherkanal", später „Rhein-Herne-Kanal", 1905 im preußischen Landtag beschlossen.
1908 begannen die Bauarbeiten dieses wirtschaftlich dringend erforderlichen 100 Millionen Mark teuren, weitgehend parallel zur Emscher verlaufenden Projekts. Mit der Eröffnung am 1. Dezember 1914 konnten nun 15 in unmittelbarer Nähe gelegene Großzechen preisgünstiger und schneller als zuvor Kohle, Eisen, Erz und Holz auf der 37,9 Kilometer langen Strecke zwischen Herne und Ruhrort transportieren. Dabei bewältigten sieben Schleusen den Höhenunterschied von 22,7 Metern. Die Kanaltiefe betrug 3,5 Meter bei einer durchgängigen Breite von 15 Metern, sodass zwei Schiffe mühelos aneinander vorbeifahren konnten. Der Kohletransport über den Kanal bedeutete den Wegfall von täglich 500 Güterzügen und den nun nicht mehr erforderlichen Bau weiterer Bahngleise und Rangierbahnhöfe, für die sowieso nicht mehr ausreichend freie Flächen vorhanden gewesen wären. Gleichzeitig entwickelte sich der Kanal mit seinem gut über den Leinpfad zu erreichenden Ufer

zu einem äußerst beliebten, kostenlosen Freizeitparadies. Besonders an Wochenenden, Feiertagen und in den Ferien belegten die „Ruhris" ihre „Ruhrgebietsriviera" mit Decken, Butterbrot, selbst gemachter Brause und Bier bis auf den letzten freien Platz. Zwischen Ruhrort und Herne dröhnten aus den Kofferradios die aktuellen Hits, Schwimmer hangelten sich an Schleppern und Lastkähnen hoch, ein ebenso gefährliches Kanal-Abenteuer wie das sich Treiben-Lassen von Nicht-Schwimmern auf Luftmatratzen und alten Lkw- und Pkw-Schläuchen sowie wagehalsige Sprünge von Brücken. „Früher waren mehr Schiffe", dennoch: Heute lässt sich der Kanal wiederum neu entdecken als „Kulturkanal" auf einem der regelmäßig verkehrenden Fahrgastschiffe, als Wanderer oder Radfahrer durch die ehemalige Industrielandschaft und neue Parkanlagen mit herausragenden Kunstwerken. Das alte Bild vom Rhein-Herne-Kanal gibt es nicht mehr. Stattdessen präsentiert sich die Wasserstraße zeitgemäß in neu gestalteten, lebendigen, den Menschen zurückgegebenen Räumen und lädt zur Entdeckungsreise ein. Hier ist der ruhige „Pulsschlag" des Reviers zu spüren.

Badefreuden am Kanal in den 1950er-Jahren.

25 Bismarck-Marina
Vom Kohle- zum Yachthafen

Für die 1868 erstmals fördernde Bismarck-Zeche war der 1914 fertiggestellte Rhein-Herne-Kanal von großer Bedeutung. Der Kohleversand konnte nun auf dem Wasserweg schneller, preisgünstiger und in erheblich größeren Mengen erfolgen als zuvor. Zudem konnten auch bisher nicht erschlossene Absatzgebiete beispielsweise bis nach Holland über den Rhein erreicht werden.

Im Jahr 1914 war die Entwicklung des Bergbaus in der Emscherzone weitgehend abgeschlossen, der neue Transportweg brachte aber eine Verbesserung der Situation, vor allem für die in Kanalnähe gelegenen Zechen, die somit über eigene Hafenanlagen verfügten. Der Bismarck-Hafen wurde auf einem 70 Hektar großen Gelände auf der südlichen Kanalseite nicht weit von den damaligen Schächten 1/4 gebaut. Die nördlich gelegenen Schächte mit Zechenbahnen, die teilweise durch den Stadtteil Erle und den Emscherbruch zu den Schächten 7/8 führten, verfügten über einen direkten Anschluss zum Kanal. Bereits bei den Planungen für den Kanalbau 1907 beantragte der Bismarck-Grubenvorstand die entsprechende Genehmigung für den zecheneigenen Hafen, zwei Jahre später erfolgten die Bauarbeiten entsprechend den Plänen des „Zivil-Ingenieurs" Meiners, der gleichzeitig auch die Ausführungen dieses Bauprojekts leitete. Die Entfernung vom fünf Meter tiefen Hafen nach Ruhrort und somit zum Rhein betrug von hier aus 27 Kilometer, in östliche Richtung bestand Anschluss zum Dortmund-Ems-Kanal. Der Hafen wurde als Stichhafen angelegt, wobei die Ein- bzw. Ausfahrt in das Becken von einer markanten, eingleisigen Eisenbahnbrücke von 64 Metern Spannweite überquert wurde, über den gleichzeitig ein drei Meter breiter, mit Holzplanken ausgestatteter Leinpfadweg führte. Das Hafenbecken hatte eine Länge von 450 und eine Breite von 60 Metern, sodass ausreichend Platz für die Kohleverladung, aber auch für so manches erforderliche Schiffs-

Zeitenwende: Bismarck-Marina.

wendemanöver bestand. Die geförderten Kohlen wurden, wie an allen anderen Häfen auch, mit Lokomotiven zum Hafen gebracht, der Umschlag vom Land ins Schiff erfolgte mit Kran und Klappkübel. Jährlich steigende Umschlagsmengen, trotz Kriegszeit, verdeutlichen die Bedeutung: Waren es im ersten Jahr 1914 noch 84.298 Tonnen Kohlen, so steigerte sich der Kohletransport 1916 auf 505.573 Tonnen und 1917 auf 909.237 Tonnen.

Mit der Schließung der Zeche „Graf Bismarck“ im Jahr 1966 hatte der Hafen seine Bedeutung verloren, die Anlage verkam zunehmend auf dem großflächigen Gelände, bis im Rahmen „Stadtquartier Graf Bismarck“ neue Ideen für diese fast vergessene und unzugängliche Zone entwickelt wurden, in der sich das einstige Bismarck-Kraftwerk befand. So erfuhr die ehemalige Industriebrache im Zuge einer „Flächenrecycling“-Maßnahme vom Werkshafen zu einer „Stadt am Wasser“ eine totale Erneuerung mit Wohnungen, Einfamilienhäusern und Kindertagesstätte. In einem „urbanen Mix“ kamen Gewerbe- und Dienstleistungsbetriebe mit vielen neuen Arbeitsplätzen hinzu. Die Kohleschiffe sind längst verschwunden, aber der Hafen wird weiterhin für Schiffe genutzt und bietet nun Platz für 75 Sportboote. An der Ostseite des Hafenbeckens befindet sich ein Anleger für Schiffe der „Weißen Flotte“, die dort ab 2019 an- und ablegen werden. Entlang einer Promenade kommt im Sommer sogar maritimes, fast mediterranes Flair auf, wobei Restaurationsbetriebe ebenso zum entspannten Verweilen einladen wie die Sitzbänke am Hafen. Ein erstes Hafenfest machte bereits durch die zahlreichen Besucher deutlich, dass dieses Konzept rund um den ehemaligen Zechenhafen zu einer neuen Attraktion für Gelsenkirchen geworden ist, mit Potenzial zur Weiterentwicklung.

26 Erzbahntrasse
Highway to Bochum

Einer der spektakulärsten Rad- und Wanderwege im Ruhrgebiet ist die Erzbahntrasse, die – vom Grimberg-Hafen am Rhein-Herne-Kanal ausgehend – die Städte Gelsenkirchen und Bochum verbindet. Hier lassen sich Industriegeschichte und Kulturlandschaft auf der fast zehn Kilometer langen Strecke aus unterschiedlichen Perspektiven erleben.

Ausgangspunkt ist die auffallende „Grimberger Sichel". Die s-förmige, 130 Meter lange, von Stahlseilen getragene Brücke über den Rhein-Herne-Kanal ist ein Meisterwerk des Architekten Professor Schlaich und wurde 2010 mit dem „European Steel Bridges Award" ausgezeichnet. Namensgeber für den Hafen war die direkt am Gelände gelegene ehemalige Schlossanlage. Der Grimberg-Hafen war ein bedeutender Umschlagplatz für Kohle, Koks und vor allem Erz aus Übersee, das von hier auf dem Schienenweg zunächst zum Schalker Verein in Bulmke zur Verhüttung transportiert wurde, ab 1929 durch eine entsprechende Erweiterung des Schienennetzes auch zum Gussstahlwerk Bochumer Verein. Bauherr dieser privat betriebenen Werksbahn war die Gelsenkirchener Bergwerks-AG. Insgesamt 14 Zechen wie Rheinelbe und „Alma" in Gelsenkirchen, aber auch „Pluto" im benachbarten Wanne-Eickel wurden im Zusammenhang mit dem Steinkohletransport angefahren. Im Hafen mit den imposanten Kränen und den unzähligen Gleisanlagen herrschte lange Zeit hektische Betriebsamkeit. Oft sah man vor der Einfahrt in den Hafen auf dem Kanal eine lange Reihe „parkender" Schiffe, die auf den nächsten freien Platz zum Beladen oder Entladen warteten. Die Erzbahntrasse hatte auf ihrem Weg von Gelsenkirchen nach Bochum zahlreiche Hindernisse zu überwinden, vor allem bereits vorhandene Bahnlinien und Straßen, da beim Bau und den Erweiterungsarbeiten im ersten Drittel des 20. Jahrhundert der Industrialisierungsprozess schon weitgehend abgeschlossen und entsprechende Strukturen somit vorgegeben waren. Die damaligen Planer konnten es noch nicht einmal

ansatzweise ahnen, aber genau diese Voraussetzungen machen heute den besonderen Reiz aus, denn die Strecke verläuft auf einem bis zu 18 Meter hohen mit Bergematerial aufgeschütteten Damm und es mussten 15 Brücken errichtet werden. Die längste, als „Pfeilerbrücke" bekannte und im Jahr 1918 errichtete Eisenbahnbrücke Nr. 9 bei Bulmke, nicht weit vom benachbarten Wattenscheid entfernt, überquert in 14 Metern Höhe auf einer Länge von 345 Metern zwei Eisenbahnstrecken. Von hier aus gibt es Abzweigungen zu den im südlichen Teil Gelsenkirchens gelegenen Zechen Rheinelbe und „Alma".

Eine Pause mit Ruhrgebiets-Feeling wert ist auf dem weiteren Weg im Niemandsland zwischen Wattenscheid, Essen und Gelsenkirchen der Imbissstand „Erzbahn-Bude", der inzwischen Kultstatus besitzt. Auf dem „Highway durch die Industriegeschichte" begleiten den Wanderer oder Radfahrer immer wieder Aussichten und Ansichten von imposanten Zeugnissen der Industriekultur wie Zechen mit ihren noch vorhandenen Schachtgerüsten und unter Denkmalschutz stehenden Malakowtürmen wie die der Schachtanlagen von „Unser Fritz" und „Hannover", ehemalige Fabriken mit ihren riesigen Produktionshallen, Steinhalden, Schrebergärten, immer wieder unterbrochen von idyllisch wirkenden, landwirtschaftlich geprägten Abschnitten, Zechenkolonien und wie Dörfer wirkende in die großen Städte integrierte Stadtteile.

Zurück zum Anfang: Von der Grimberger Sichel ausgehend, lassen sich auf einem inzwischen hervorragend ausgebauten Wander- und Radwegenetz weitere Ziele entlang des Rhein-Herne-Kanals und der Emscher mitten durch das Ruhrgebiet in Ost- und Westrichtung, durch den Emscherbruch oder zur Halde Hoppenbruch nach Herten erschließen.

Hochbetrieb im Grimberg-Hafen: Erzverladung vom Schiff auf die Schiene. Hier beginnt die alte Erzbahntrasse. Links ist der Rhein-Herne-Kanal, in der Bildmitte im Hintergrund das Dach von Schloss Grimberg zu sehen.

27 Bergarbeiterkolonien
Heute immer noch beliebt

Die enorme Kohlenachfrage erforderte eine erhebliche Steigerung der Fördermengen im expandierenden Ruhrgebiet, was bereits ab 1870 in Gelsenkirchen deutlich spürbar war. Damit verbunden war im ansonsten landwirtschaftlich geprägten und nur spärlich besiedelten Ruhrgebiet gleichzeitig ein großer Bedarf an Arbeitskräften.

So fanden zunächst vor allem Männer aus der näheren Umgebung Arbeit im Bergbau. Aber das reichte schon nach kurzer Zeit nicht mehr aus. Durch gezielte Werbemaßnahmen der Bergwerksgesellschaften und durch Mundpropaganda vor allem in den Ostgebieten des ehemaligen Deutschen Reichs versuchten die Bergwerksbetreiber, Menschen aus Ostpreußen und der Gegend um Posen, in kleiner Anzahl aber auch aus Österreich und Italien für die Arbeit auf den Zechen im Ruhrgebiet anzuwerben. Dabei versprach man ihnen eine wesentliche Verbesserung ihrer Lebenssituation in allen nur denkbaren Bereichen. Dazu gehörte natürlich auch das Wohnungswesen. „Die Frage nach den Unterkunftsräumen für die Arbeiter ist in einer Gegend wie die hiesige, wo die Industrie in landwirtschaftlich schwach bevölkerte, in einzelne größere Hofkomplexe geteilte Bereiche eindringt, eine der wichtigsten. Will man sich einen soliden an das Bergwerk der Gewerkschaft attachierten Arbeiterstand erziehen, so wird es zur ersten Notwendigkeit, demselben eine Häuslichkeit zu verschaffen", heißt es in einem Bericht des Steinkohlenbergwerks „Graf Bismarck" im Jahr 1918. So entstanden zumeist in unmittelbarer Nähe zur Zeche ab 1880 „Koloniestraßen". Wie mit einem Strich gezogen standen auf jeder Straßenseite mit einem kleinen Abstand die zumeist von Bergleuten bewohnten Häuser, dahinter die Stallungen mit dem damals obligatorischen Plumpsklo und den sich direkt anschließendem „Stückchen Land", wo man zur Selbstversorgung Kartoffeln oder Gemüse anpflanzen durfte. Entgegen manchen heutigen sozialromantischen Vorstellungen war das Leben in einer solchen Kolonie keineswegs idyllisch. Die Zechengesellschaften legten beispielsweise fest, dass bei einem Arbeitsplatzwechsel oder einer Kündigung bei gewerkschaftlichen Aktivitäten damit gleichzeitig der Verlust der Wohnung verbunden war. Innerhalb von zwei Tagen musste diese geräumt werden, die mühevolle Arbeit im Garten mit der noch zu erwartenden Ernte war umsonst. Der Mieter hatte seinen Anspruch darauf zusammen mit der Wohnung verloren.

In Gelsenkirchen sind aus der Zeit zwischen 1880 und 1900, direkt an die ehemaligen Zechenstandorte angrenzend, noch einige dieser damals für das Ruhrgebiet typischen Koloniestraßen erhalten. Zu diesem hier aufgeführten Typus der

Werkssiedlung gehören beispielsweise die Auguststraße in Erle, die Parallelstraße in Schalke und die Erdbrüggenstraße im Stadtteil Bismarck, deren zehn zweieinhalbgeschossige Häuser in unmittelbarer Nähe zur Zeche Consol mit den Schächten 3/4/9 im Jahr 1898 entstanden. Die jeweils sechs Wohnungen pro Haus konnten durch einen über den Hof zugänglichen Eingang erreicht werden. In diesen Siedlungsstraßen mit der beeindruckenden Ansicht auf den Pütt mit den Fördergerüsten und dem teilweise noch immer unbefestigten Bürgersteig lässt sich noch am ehesten ein Gefühl des früher vom Bergbau dominierten Ruhrgebiets erahnen. Nicht ohne Grund ist die Erdbrüggenstraße heute ein beliebter Drehort für historische Filme und Dokumentationen, die im Zusammenhang mit dem Bergbau und den damaligen Lebensverhältnissen stehen.

„Stückchen Land", Siedlungsgärten hinter den Häusern an der Erdbrüggenstraße.

28 Gartenstadt
Schöner wohnen im Jahr 1910

Die Zechengesellschaften als Bauherren der ersten Koloniestraßen errichteten die Unterkünfte für ihre Bergarbeiter in relativ kurzer Zeit. Es mussten so schnell wie möglich neue Wohnungen für die nun massenhaft ins Ruhrgebiet einwandernden Menschen geschaffen werden, mit dem Ziel, die Bergleute mit einer Unterkunft an die jeweilige Zeche zu binden.

Hatte Gelsenkirchen im Jahr 1820 gerade einmal 500 Einwohner, so waren es 1895 insgesamt 90.000 und 1925 etwas mehr als 200.000 Menschen, davon waren 45% im Bergbau beschäftigt. In der Zeit zwischen 1894 und 1910 wurden durchschnittlich 3.027 neue Werkswohnungen pro Jahr errichtet. Der Mietpreis war dort bis zu 40% günstiger als in den ebenfalls für Bergarbeiter von privaten Bauherren errichteten Häusern.

Ab 1900 erreichte die Idee des Engländers Ebenezer Howard auch das Ruhrgebiet. In seinem damals aufsehenerregenden Buch „Gartenstädte für morgen – ein friedlicher Pfad zu einer realen Reform“ formuliert er erstmals seine Gedanken, die Wohnqualität der Bevölkerung in diesem zumeist unkontrollierten und oft planlosen Städtewachstum zu verbessern. Sein Konzept für diese neue in sich abgeschlossene Siedlungsform beinhaltet Aspekte wie dörfliche Strukturen, Grüngürtel mit Anbindung an die Natur, eine geringere Wohndichte mit größeren Wohneinheiten und Potenzial für die Entwicklung von Nachbarschaften mit gleichzeitiger Nähe zum Arbeitsplatz. So entstand mit der Realisierung der „Gartenstadt“-Idee eine wesentlich verbesserte bautechnische und ästhetische Qualität im Vergleich zur bisherigen Wohnsituation. Statt Uniformität und wie mit dem Lineal gezogenen Straßen gab es nun Alleen mit Kurven, es entstanden in diesen Siedlungen an einen Dorfplatz erinnernde Plätze, unterschiedlich gebaute Häuser mit Erkern, Fachwerk und Fachwerkgiebeln, die an historische Kleinstädte erinnerten, hinter den Häuserreihen Stall und Garten und dazwischen jeweils großzügige freie Flächen. Dem Bewohner vermittelte das irgendwie das Gefühl von Sicherheit, Geborgenheit, Überschaubarkeit und Ordnung. Hier zu wohnen war jedoch belastet durch

Schievenviertel: Toreingang in eine in sich geschlossene Siedlung.

Typische Gartenstadtelemente: großer Platz, verwinkelte Straßen mit durchgehender Baumbepflanzung, abwechslungsreiche Architektur der Häuser, z. B. mit aufgesetztem Fachwerk und kleinen Vorgärten.

rigide von den Zechengesellschaften vorgegebene Verhaltensmaßregeln, für deren Einhaltung sogenannte „Aufseher" sorgten. Es gab strenge Kontrollen und es drohte der Verlust der Wohnung, falls dem Vermieter gegenüber der dort mit seiner Familie wohnende Bergmann nicht mehr opportun war. Inzwischen oft privatisiert und modernen Erfordernissen angepasst, prägen diese Gartenstädte nach wie vor das Stadtbild in Gelsenkirchen, wie die Forsthaus-Siedlung und das Schievenviertel in Erle sowie die Schüngelberg-Siedlung in Buer-Mitte, die für die Arbeiter der Zeche „Hugo" errichtet wurde. Weitere Siedlungen gibt es in Resse für Bergleute der Zeche „Ewald" oder die ab 1907 errichtete Kolonie Bergmannsglück in Hassel mit Doppelhäusern und Häuserreihen. „Der in dem Bereich der Berginspektion gelegene, von einem Turm überragte alte Rittersitz Haus Uhlenbrock verleiht der Siedlung einen dorfähnlichen Charakter, der an anderen Stellen durch den allseitig geschlossenen Marktplatz mit Zweigpostamt, Gasthaus mit Saalbau noch vermehrt wird", schreibt Magistrats-Assessor Große-Boymann 1925 im Zusammenhang mit dem Stadtplanungskonzept und resümiert: „Der staatliche Bergbau (dazu gehörte die Zeche Bergmannsglück) wies der Siedlungspolitik neue Wege."

Zu diesem neuen Typus der Gartenstadt gehörten auch mehrgeschossige Häuser, z.B. entlang der Polsumer Straße in Hassel, der Cranger Straße im südlichen Bereich und der Schievenstraße in Erle, wo der Zugang zu dem in sich geschlossenen Wohngebiet, das die Bewohner als „Festung" bezeichneten, durch eine besonders beeindruckende, in die Häuserzeile integrierte Torhausanlage erfolgte.

29 Berger Feld
Papstbesuch und andere Highlights

Das heute unter dem Namen „Berger Feld" bekannte, mitten in der Stadt gelegene Gebiet hat unter den verschiedensten Aspekten viel an Geschichte und Ereignissen zu bieten: herausragende Gebäude, zwei große Fußballstadien, vielfältige Möglichkeiten zur Freizeitgestaltung und Erinnerungen an weltweit bekannte Künstler und Persönlichkeiten.

Als zum Schloss Berge gehörendes Markengebiet, ursprünglich „Berger Mark", war das Berger Feld eine einsame, gottverlassene, öde Gegend, die bis zur Emscher reichte. Mittendrin befanden sich die zwei lange Zeit dem Lehen von Schloss Berge verpflichteten Adelshäuser Darl und Balken, bereits im 14. urkundlich erwähnt, inzwischen längst abgerissen. Nur Straßennamen erinnern an die Existenz dieser ehemaligen Rittergüter. Lange Zeit tat sich in diesem Gebiet nichts, bis das großflächige Gelände zunächst während des Zweiten Weltkriegs als Flugplatz und ab den 1950er-Jahren vor allem wegen seiner günstigen innerstädtischen Lage für andere unterschiedliche Baumaßnahmen genutzt wurde. Der 1951 gebaute Verkehrshof mit seinem bekannten „Conti-Turm" war die erste sichtbare Landmarke und markierte den Beginn der Erschließung dieses Raumes. Hier herrschte lange Zeit hektische Betriebsamkeit, als vor allem Lkw-Fahrer und Busse von der nicht weit entfernten Autobahn einen Zwischenstopp einlegten. Mit Hotel, Geschäften, Tankstelle und Kfz-Werkstatt war die Anlage genau auf die entsprechenden Bedürfnisse der Reisenden zugeschnitten.

Ende der 1960er-Jahre fanden im Berger Feld zwei bedeutende, weit über Gelsenkirchen hinaus bekannte Einrichtungen ihr Zuhause. Das 1968 eröffnete Autokino war von Beginn an ein Hotspot, vor allem für die jüngere Generation. Von einer kleinen Parkbucht aus konnten die Besucher dem Geschehen auf einer 20 x 30 Meter großen Leinwand folgen, nachdem man zunächst einen Lautsprecher von einer kleinen Säule in das Auto verlegt hatte. Ein Jahr später wurde im nördlichen Teil eine der ersten von insgesamt fünf Gründungsgesamtschulen

Baubeginn der Siedlung Berger Feld in den 1950er-Jahren. Im Hintergrund ist die Zeche „Graf Bismarck" (links) zu sehen

in Nordrhein-Westfalen eröffnet. Mit der im Jahr 2000 an der Gesamtschule Berger Feld gegründeten Fußballschule und der Zusammenarbeit mit Schalke 04 schafften bisher 23 Schüler den Sprung in die Bundesliga, darunter auch die Weltmeister von 2014 Mesut Özil, Manuel Neuer, Benedikt Höwedes und Julian Draxler. Das Jahr 1973 markiert mit der Eröffnung des Parkstadions als neue Spielstätte von Schalke 04 einen weiteren Höhepunkt. Entsprechend dem damaligen Zeitgeist wurde die Spielstätte sowohl als Fußball- als auch als Leichtathletikstadion und für Großveranstaltungen unterschiedlicher Art konzipiert. Die Besucher erinnern sich: Acht Länderspiele der deutschen Nationalmannschaft, Spiele bei der Weltmeisterschaft 1974, 1978 und 1980 Austragungsort des DFB-Pokalfinales und zahlreiche unvergessene Fußballspiele wie der Schalker 5:3-Sieg gegen Unterhaching mit der 4-Minuten-Meisterschaft, als Bayern München in letzter Sekunde doch noch Deutscher Meister wurde. Berühmte Musiker wie Michael Jackson und Bands wie die Rolling Stones oder Pink Floyd begeisterten ihre Fans ebenso wie Papst Johannes Paul II. bei seinem Besuch am 2. Mai 1987. Das Oberhaupt der katholischen Kirche feierte dort zusammen mit Ruhrbischof Franz Hengsbach und 80.000 Gläubigen die heilige Messe. Zu dieser Zeit war die Bebauung des Berger Feldes weitgehend abgeschlossen. Mittendrin die 1965 eingeweihte Thomas-Kirche des Architekten Fred Janowski mit ihrer markanten aufstrebenden Spitze, die vor Kurzem sogar als „Big Beautiful Building" gewürdigt wurde. Das Gotteshaus gehört mit seinen mathematisch genauen Strukturen, dem Zusammenspiel von Schwarz und Weiß, hell und dunkel, Licht und Schatten einfach zum Berger Feld dazu.

Die Erfolgsgeschichte des Berger Feldes ging und geht weiter mit der Veltins-Arena, dem Multiplex-Kino-Zentrum und dem regelmäßig stattfindenden größten Flohmarkt in Nordrhein-Westfalen.

30 Der Anfang von Schalke 04
Die Gründung in der Hauergasse

Natürlich Fußball! Wer über Gelsenkirchen schreibt, der kommt an diesem Thema nicht vorbei – und schon gar nicht am FC Schalke 04. Sieben deutsche Meisterschaften, fünf Pokalsiege, Uefa-Cup-Sieger, legendäre Spiele, unvergessene Spieler, Skandale, Krisen, das alles gehört zu diesem am 4. Mai 1904 gegründeten Verein.

Wir begeben uns auf Spurensuche in eine legendenhafte Wirklichkeit zurück in das Gründungsjahr 1904, als in der Hauergasse in Schalke die Erfolgsgeschichte dieses Vereins begann. Bereits zuvor war in Gelsenkirchen Fußball gespielt worden, unorganisiert, auf Straßen, in dieser Zeit noch ohne Verkehr, auf Hinterhöfen und Wiesen. Der Siegeszug dieses Spiels, zunächst nur von „höheren sozialen Schichten" ausgeübt, hatte längst auch die Arbeiter und Bergleute erreicht. Eine Gruppe junger Leute aus der Hauergasse, einer kleinen, längst nicht mehr vorhandenen Stichstraße im Schatten der Zeche Consol, und aus der unmittelbaren Nachbarschaft trifft sich regelmäßig am Haus Goor. Hier sind sie unter sich und spielen vor einer gigantischen, bedrückenden Industriekulisse Fußball, wo die Schlote ständig qualmen und die Luft voller Dreck und Ruß ist, der sich überall niederlässt und oft Ursache schwerer gesundheitlicher Schäden ist, inmitten von Lärm und Gestank des alles beherrschenden Bergbaus und den vielen anderen Werken der Schalker Industrie. Dazu gehören Eisen- und Hüttenwerke, die Chemische Industrie und auch eine Glas- und Spiegelmanufaktur.

Erinnerungstafel für die Vereinsgründer.

Im Keller des verfallenen Adelssitzes Haus Goor haben die jungen Leute ihre inzwischen selbst gebastelten Tore abgestellt. Zuvor hatten häufig Briketts die Torpfosten gebildet, manchmal wurden auch Mützen oder Steine als Markierungen verwendet. Als Ball dienten beim Straßenfußball anfangs zusammengesteckte Lumpen, eine Dose, kleine, runde Steine, später eine mit Leder umhüllte Schweinsblase. Gespielt wurde im einzigen Paar Schuhe, das sie überhaupt besaßen: Schuhe für den Werktag, den Sonntag und eben auch zum Fußballspiel. Daher gab es zu Hause auch oft Ärger, wenn diese Schuhe nicht lange hielten. Die Kinder und Jugendlichen wurden in Gelsenkirchen geboren, ihre Eltern stammten überwiegend aus Ostpreußen und kamen nach Westfalen, um mit ihrer Arbeit im Bergbau ihre Lebensverhältnisse zu verbessern.

Nach einem dieser Fußballspiele trafen sie sich bei Heinrich Kullmann (1889–1975), der in der Hauergasse wohnte. Sie waren vielleicht zu zehnt und hatten etwas Besonderes vor, denn seit Wochen geisterte eine Idee in ihren Köpfen: Sie wollten nicht mehr untereinander oder nur gegen andere Straßenmannschaften spielen, sondern gegen andere Vereine, die es bereits gab. So schlossen sie sich zunächst dem Sportverein Westfalia Schalke 1896 an. 16 Spieler kamen zusammen, die Willi Gies (1890–1931), einer der Gründerväter, in seinem Notizbuch festhielt. Sie nahmen auch die Farben ihres neuen Vereins an: Rot und Gelb, eine Kombination, die dem 96er-Sportverein so gut gefallen hatte, als eine holländische Mannschaft hier zu einem Freundschaftsspiel angetreten war. Und die fußballbegeisterten jungen Leute, die in der Hauergasse zusammensaßen, hatten eine Vision: Einmal vor 90.000 Zuschauern spielen! Es hatte sich nämlich bis nach Schalke herumgesprochen: Beim Finale des englischen Pokalcups zwischen Manchester City gegen Bolton Wanderes (1:0) am 23. April 1904 fand sich diese unvorstellbare Menschenmenge in einem wohl gigantischen Stadion ein.

Schalke, wo alles begann: Haus Goor und die Hauergasse.

31 Glückauf-Kampfbahn
Spielstätte des Malochervereins

Natürlich braucht ein Fußballspiel auch den entscheidenden Ort des Geschehens: das Stadion. Hier findet nicht nur der sportliche Wettkampf statt, sondern hier begegnen sich Tausende Menschen mit ihren Gefühlen, Emotionen, Leidenschaften, sind vereint mit Freude und Frust, zelebrieren fast an rituelle Beschwörungen erinnernde Gesten und Lieder, stehen mittendrin in einem Ereignis, an dem heute durch die Medien wiederum Millionen von Menschen Anteil nehmen.

Die Geschichte der Schalker Sportstätten begann am Haus Goor, kurze Zeit danach erfolgte der Wechsel zur nahe gelegenen Taubenstraße. Später wurde das Gelände direkt hinter dem heutigen Musiktheater, die „Rubensche Wiese", als Spielort gepachtet, bevor man in die Taubenstraße zurückkehrte. Anschließend wurden die Heimspiele im Jahnstadion in Heßler ausgetragen. Schließlich nahm die große Schalker Zeit ihren Anfang, in der legendären Glückauf-Kampfbahn, der Name eine Reminiszenz an die damaligen Schalke-Fans aus dem Bergarbeitermilieu. Anders als heute, schon wegen der damals noch eingeschränkten Mobilität, stammten die Zuschauer aus einem überschaubaren Einzugsbereich des Vereins, überwiegend aus der unmittelbaren Nachbarschaft und den umliegenden Gelsenkirchener Stadtteilen. Gemeinsam ging es zu Fuß, mit dem Fahrrad oder mit der Straßenbahn zum Stadion. „Nachmittags ein Spiel mit Bedeutung. Alles ging, fuhr, raste, drängte der großen und berühmten Spielstätte von Schalke 04 entgegen. Bezeichnend genug, daß dieses Stück Sportrasen mit seiner mächtigen Tribüne, mit seiner vielgenannten Flutlichtanlage mitten in der Stadt liegt. Alles hat seit vielen Jahren am Schicksal der Mannschaften von Schalke 04 teilgenommen. Ganz Gelsenkirchen triumphiert mit, wenn die jeweilige Mannschaft, die stadtbekannte Elf, einen neuen Sieg errungen hat, ganz Gelsenkirchen trauert mit, wenn die jungen Männer im blau-weißen Trikot nicht Sieger geworden sind", so ein Chronist im Jahr 1957. Fußball war in jener Zeit ein Live-Ereignis, bis auf gelegentliche Hörfunkübertragungen und ausführliche Berichte in den Tages- und heute noch bekannten Fußballzeitschriften. Später erst gab es kurze Ausschnitte im Regionalprogramm des Fernsehens.

Die 1927 auf dem Gelände der Zeche Consolidation gebaute und ein Jahr später mit einem Spiel gegen Tennis Borussia Berlin eröffnete Glückauf-Kampfbahn hatte 34.000 Steh- und 1.200 Sitzplätze. Von der ehemaligen, den Sportplatz umgebenden Industriekulisse ist nichts mehr vorhanden, einer Ansicht, von der ein Zuschauer einmal sagte, sie sei derart deprimierend, dass die hier antretenden Gegner nicht mehr frei aufspielen könn-

ten und Schalke deshalb so heimstark sei. Hier zelebrierten Kuzorra und Szepan ihren „Schalker Kreisel". 1958 umjubelten die Fans die Meistermannschaft mit Spielführer Berni Klodt. Reinhard „Stan" Libuda – „an Gott kommt keiner vorbei", so ein Plakat für eine religiöse Veranstaltung, ein Schalke-Fan ergänzte: „nur Stan Libuda" – begann hier seine Fußballlaufbahn. Unendliche Geschichten und Fußballgeschichte bis 1973. Mit dem Wechsel zur neuen Spielstätte, dem Parkstadion, fing ein neuer Abschnitt in der Vereinsgeschichte an.

Glückauf-Kampfbahn: Blick auf das vollbesetzte Stadion während des Bundesligaspiels Schalke 04 gegen Eintracht Braunschweig am 13. September 1969
Ergebnis: 1:1 (1:1)
Schalke: Nigbur, Becher, Fichtel, Wittkamp, Rausch, Neuser, Erlhoff, van Haaren, Libuda, Wüst, Pirkner
Braunschweig: Wolter, Grzyb, Lorenz, Polywka, Merkhoffer, B. Dörfel, Eifert, Gersdorf, Gerwien, Weiß, Maas
Tore: 1:0 Erlhoff (7. Minute) 1:1 Rausch (31. Minute/Eigentor)
Schiedsrichter: Geng (Freiburg)
Zuschauer: 33.000

32 Mythos vom Schalker Markt
Die alte Heimat des Fußballclubs

Der Schalker Markt ist eine der bekanntesten Örtlichkeiten in Gelsenkirchen. Einst pulsierendes Zentrum des Stadtteils Schalke, liegt er heute im Abseits an einer Schnellstraßenüberführung. Seinen Mythos konnte das nicht beeinträchtigen: Der Schalker Markt wird auf ewig die Heimat des Fußballclubs Schalke 04 bleiben.

Wer jemals nach Schalke kommt, der sieht sie und vergisst sie nie wieder: die Berliner Brücke. Gut 6 Meter hoch, 25 Meter breit und 750 Meter lang überspannt das Bauwerk die Areale der Industrie und die Gleisanlagen der Emschertalbahn. In ihrem Schatten liegt auf der westlichen Seite der Schalker Markt; besser gesagt, das, was davon übrig geblieben ist: ein gesichtsloser Parkplatz im Niemandsland eines Vororts. Nichts, rein gar nichts erinnert mehr daran, dass der Schalker Markt einst ein pulsierendes städtisches Zentrum war, umgeben von Geschäften, Lokalen und Handwerksbetrieben. Und die Heimat des FC Schalke 04.

Tatsächlich ist die Geschichte des weltbekannten Fußballclubs unmittelbar mit dem Schalker Markt verbunden. Direkt nebenan befand sich die Zeche Consolidation, ein 1865 in Förderung gegangenes Bergwerk, aus dessen Belegschaft sich viele Fußballer des S 04 rekrutierten: Szepan, Kuzorra, Urban und andere waren Arbeiter und Angestellte auf „Consol". Daher kommt der bis heute übliche Name „Knappen-Elf" für die „Blau-Weißen" aus Gelsenkirchen.

Sechs Deutsche Meisterschaften fuhren die „Knappen" zwischen 1934 und 1942 ein; die spektakulären Erfolge des „Malocherclubs" wurden auf dem Schalker Marktplatz gefeiert. Hier standen – übrigens noch bei der bislang letzten „Deutschen" 1958 – die Festzelte, hier befanden sich zahlreiche Eckkneipen, von denen das Schalker Vereinslokal „Mutter Tiemeyer" das bekannteste war. Der Kapitän der 1958er-Meistermannschaft, Berni Klodt, zapfte in seiner Gastwirtschaft am Schalker Markt noch selbst. Der Marktplatz, der von Bürgerhäusern, Geschäften, der evangelischen Friedenskirche und den alles überragenden Fördergerüsten Consol 1 und 6 umgeben war, wurde im Krieg zur Zufluchtsstätte vieler Menschen, die im 20 Meter hohen Spitzbunker, dem „Zuckerhut", Schutz suchten. Am 6. November 1944 legte ein verheerender Angriff der alliierten Bomber den Schalker Markt wie den gesamten Stadtteil in Schutt und Asche.

Der Wiederaufbau bescherte zwar der Schalker Industrie, zu der neben der Zeche Consol die HOAG-Drahtwerke und das Stahl- und Walzwerk Grillo-Funke zählten, nicht aber dem Schalker Markt eine neue Blüte. Denn mit der Planung der Berliner Brücke fiel das ehemalige Zentrum ins Abseits; die riesige „Stahlhochstraße" schnitt den Platz von seinem Umfeld ab. Die Brücke war nötig geworden, um dem immer stärker werdenden Straßenverkehr Herr zu werden. Der rasche Transfer von Gelsenkirchen-Altstadt über Schalke nach Buer führte ab 1964 über diese Brücke und wurde nicht mehr durch den „Flaschenhals" am Schalker Markt gehemmt. Dort befand sich nämlich im Verlauf der König-Wilhelm-Straße die im Volksmund sogenannte Glückauf-Schranke am Schalker Bahnhof – wenn man Glück hatte, war sie auf; tatsächlich war sie wegen des regen Güter- und Personenverkehrs auf der Emschertalbahn bis zu fünf Stunden (!) am Tag geschlossen.

Die Inbetriebnahme der Berliner Brücke war das eine, der ab den 1970er-Jahren einsetzende Niedergang der Industrie tat ein Übriges. Die Zeche Consol ist längst geschlossen, die einst riesenhaften Werke im Umfeld sind bis auf Restbetriebe geschrumpft. Die Geschichte und der Strukturwandel mögen über diese einmalige historische Örtlichkeit Gelsenkirchens hinweggegangen sein, aber der Mythos vom Schalker Markt lebt! Dem FC Schalke sei Dank.

Jürgen Boebers-Süßmann

Schalker Markt inmitten der Industriekulisse.

33 „Sie schenkten sich wahrlich nichts"
Deutscher Fußball-Vizemeister 1974

Heute gehört Damenfußball wie selbstverständlich zum Alltag. Frauen spielen Welt- und Europameisterschaften aus, es gibt die Bundesliga, wobei sich der jeweilige Deutsche Meister für die Champions League qualifiziert, und bedeutende Spiele werden in voller Länge im Fernsehen übertragen.

Noch 1955 war das organisierte Damenfußballspiel im Verein verboten, als der Deutsche Fußballbund diese Entscheidung so begründete: „Im Kampf um den Ball verschwindet die weibliche Anmut, Körper und Seele erleiden unweigerlich Schaden und das Zurschaustellen des Körpers verletzt Schicklichkeit und Anstand". Viele Jahre änderte sich an dieser eindeutigen Haltung nichts, aber im Laufe der Zeit entdeckten Frauen zunehmend auch das Fußballspiel für sich. So fanden im Zuge der Emanzipationsbewegungen 1968 erste privat organisierte Spiele statt. Nach der Aufhebung des Fußballverbots für Frauen ab 1970 wurde auch in Vereinen gespielt, auch in der Mannschaft von Rot-Weiß Resser Mark. Der Fußballverband hatte nämlich mit großer Sorge die zunehmende Verselbstständigung des Frauenfußballs in „wilden Runden", also eigenständig organisierten Ligen, beobachtet. „Frauen tun's den Männern nach", so lautete die Überschrift Anfang der 1970er-Jahre, als 300 Zuschauer dem 2:1-Sieg der Frauenmannschaft von Resser Mark gegen Bochum-Linden beiwohnten. „Und wahrlich, sie schenkten sich nichts. Recht zerzaust sahen sie nach der Begegnung aus, denn wer sich im Fußballspiel versucht, sieht die mit Kamm und Festiger kunstvoll gelegte Frisur bald – dies wirkte sehr charmant – arg verstrubbelt", so der „Spielbericht" aus damaliger männlicher Sicht.

Im Raum Gelsenkirchen gab es zu diesem Zeitpunkt bereits zwölf Teams. Inzwischen hatte sich die Damenmannschaft von Resser Mark der DJK Eintracht Erle angeschlossen – und wurde in der Pionierzeit des Frauenfußballs eine der erfolgreichsten Mannschaften in Deutschland. Nach dem Gewinn der Westfalenmeisterschaft im Jahr 1974 war die Erler Mannschaft berechtigt, an den erstmals offiziell ausgetragenen Spielen um die Deutsche Meisterschaft der Frauen teilzunehmen. Nach Siegen gegen den Buxtehuder SV (2:0), Werder Bremen (5:1) vor 2.242 zahlenden Zuschauern in Erle, gegen Tennis Borussia Berlin (2:1) und im anschließenden Halbfinale gegen den SV Bubach (3:1) war schließlich der Einzug ins erste Finale um die deutsche Fußball-Frauenmeisterschaft gegen TuS Wörrstadt gelungen. Vor Spielbeginn fragte der bekannte Bundesliga-Schiedsrichter Walter Eschweiler die beiden Spielführerinnen Christel Kurowski (Erle) und Bärbel Wohlleben (TuS Wörrstadt), ob sie denn nun mit einem Herren- oder Jugendball spielen möchten. Natürlich fiel die Entscheidung auf Ersteres. Auch die ARD-Sportschau war in Mainz anwesend und berichtete ausführlich über

Vorrundenspiel um die Deutsche Meisterschaft vor großer Kulisse.
Links ist Christel Kurowski (Eintracht Erle-Damen) zu sehen.

dieses Spiel, bei dem die Erler Damenmannschaft am Ende mit 4:0 unterlag. Immerhin: Man hatte auch als Vizemeister Großes erreicht und an einem neuen Kapitel Fußballgeschichte mitgewirkt. Diese erstmals ausgetragene Deutsche Frauenmeisterschaft sollte noch kurz danach bundesweit Aufmerksamkeit erregen: Der Treffer der Wörrstädter Spielerin Bärbel Wohlleben wurde im September 1974 zum Tor des Monats gewählt – und das gegen bekannte männliche Bundesliga-Konkurrenten wie Rüdiger Abramczik, Wolfgang Seel und Heinz Simmet. Der Frauenfußball war nun nicht mehr aufzuhalten, und acht Jahre später wurde das erste Länderspiel der Frauen ausgetragen. Die Nationalmannschaft gewann dabei unter Bundestrainer Gero Bisanz überzeugend gegen die Schweiz mit 5:1.

Daten zum Endspiel: TuS Wörrstadt – DJK Eintracht Erle 4:0 (1:0)
8. September 1974 in Mainz (Stadion am Bruchweg) vor 3.800 Zuschauern
Schiedsrichter: Walter Eschweiler (Bonn)
Mannschaftsaufstellung Eintracht Erle: Jagielski, Kolmsel, Molenkamp, Wellpoth, Walter, Kruzik, Kurowski, Klose, Cordalski, Garth, Kaminski (ab 39. Min. Gralschinsky)
Trainer: Dembinski

34 Amateurfußball
Kleine Vereine ganz groß

Wussten Sie schon: Die meisten Nationalspieler und Teilnehmer an Weltmeisterschaften stammen aus Gelsenkirchen – und bei vielen begann die große Karriere als „Straßenfußballer", danach ging es weiter in dem Fußballverein des entsprechenden Ortsteils, in dem man zu Hause war.

Um nur einige Nationalspieler zu nennen: Berni und Hans Klodt (beide in Bismarck geboren), Herbert Burdenski (Erle 08), Rüdiger Abramczik (Erle 08), Alfred Kelbassa (geboren in Buer), Olaf Thon (STV Horst-Emscher), Heinz Hornig und Hans Nowak (beide Eintracht Gelsenkirchen), Mesut Özil (Westfalia 04 und Falke Gelsenkichen, DJK Teutonia Schalke), Norbert Nigbur (SV Heßler), Ilkay Gündogan (SV Heßler), Willi Koslowski (Spfr. Buer).

In Gelsenkirchen gibt es immer noch 40 Bolzplätze und fast 30 Sportplätze, auf denen Senioren-, Altherren-, Jugend-, Schüler- und Damenmannschaften in über 40 Vereinen Fußball spielen. Dabei hat jeder Verein seine eigene Geschichte zu erzählen. Das bedeutet: unzählige Spiele, Siege, Niederlagen, Zuschauer, Auf- und Abstiege. Aber vor allem: unzählige Menschen, die im Laufe der Zeit in diesen Vereinen ein Trikot getragen haben, aber auch aktiv dabei waren als Betreuer, Trainer, Masseur, Platzwart, Mannschaftsbegleiter, Kassierer, Vorstandsmitglied, Vereinswirt, Fan und Zuschauer. Fahrten, Reisen, unvergessene Stunden, Freud und Leid wurden miteinander geteilt, es wurde gelacht, gesungen, gefeiert, geweint, getrauert. So war es früher und so ist es bis heute geblieben. Der örtliche Fußballverein ist letztendlich für viele Menschen in Gelsenkirchen zu einem Stück unverwechselbarer Heimat geworden – unabhängig von Beruf, Religion und Herkunft – und ermöglicht gerade in den gegenwärtigen medialen, unpersönlichen Scheinwelten echte Begegnungen, gemeinsames Miteinander, Freundschaften, soziales Handeln, real erlebte Vorbilder und die gemeinsame und individuelle Bewältigung von direkt erfahrbaren Konflikten. Somit sind die Gelsenkirchener Fußballvereine für ihre sportliche und gesellschaftliche Aufgabe unverzichtbar – und eben ganz anders als die oft nur

Vor dem Spiel am Erler Forsthaus: 4.000 Zuschauer warten 1956 auf die Mannschaften von Erle 08 und TuS Haltern.

Vor dem Anpfiff am Erler Forsthaus.

einseitig auf Erfolg und Geld ausgerichteten sogenannten großen Vereine.

In diesem Zusammenhang soll auf einige ausgewählte Ereignisse aus dem Amateurbereich hingewiesen werden:

1916: Erle 08 spielt in der höchsten Spielklasse und gewinnt gegen Borussia Dortmund mit 8:1. Der Vereinschronist schreibt: „Auch in diesem Jahr vermochten wir schöne Siege zu erringen."

1922: Herbert Burdenski wird in Erle geboren (Erle 08). Er bestreitet zwischen 1949 und 1952 insgesamt fünf Länderspiele und erzielt vor 115.000 Zuschauern im überfüllten Neckarstadion in Stuttgart beim 1:0-Sieg gegen die Schweiz das erste Länderspieltor nach dem Zweiten Weltkrieg. Ebenso dabei: Berni Klodt. Burdenski gehört zur berühmten Schalker-Kreisel-Mannschaft und wird mehrfach Deutscher Meister.

1954: Berni Klodt kommt bei der WM in zwei Vorrundenspielen und bei der WM 1958 in Schweden zum Einsatz. Zudem ist er Spielführer der 1958er Schalker Meistermannschaft.

1959: Im DFB-Pokal trifft Erle 08 auf Schalke 04 mit der fast kompletten Meistermannschaft von 1958. Die 08er unterliegen vor 11.000 Zuschauern nur knapp mit 1:2.

1967: STV Horst-Emscher wird deutscher Amateurmeister. Die „Emscherhusaren" gewinnen das Endspiel vor 9.000 Zuschauern in Herford gegen Hannover 96 (Amateure) 2:0 mit Petrasch, Kaczmarzik, Kleinert, Kammer, Krull, Grabinski, Büchner, Thon (Vater von Olaf Thon), Urban, Weispfennig, Leske (Trainer: Heinz Flotho, ehemaliger Fußballnationalspieler/Torwart).

1973: Der SC Hassel qualifiziert sich als Vertreter der Verbandsliga Westfalen, Staffel 1, zur Teilnahme an den Spielen zur Deutschen Amateurmeisterschaft, scheidet aber bereits in der ersten Runde gegen den ESV Ingolstadt aus.

Und nicht zu vergessen: denkwürdige Stadtderbys mit bis zu 10.000 Zuschauern – und noch immer ist jeder Spieltag gleichzeitig Derbytag.

35 Galopp- und Trabrennsport
„Ja, wo laufen sie denn?"

Der Industriepionier Thomas Mulvany war einer der Begründer des Pferdesports im Ruhrgebiet. Als Anhänger dieser in seiner irischen Heimat schon lange Zeit beliebten Sportart regte er den Bau einer Pferdebrennbahn an, sodass am 31. Juli 1875 vor 30.000 begeisterten Zuschauern in Castrop auf einem Natur-Hindernisparcours das erste Rennen ausgetragen werden konnte.

Mulvanys Vorschlag, auch in der damals noch selbstständigen Gemeinde Horst-Emscher eine Anlage nach englischem Vorbild zu errichten, fiel auf fruchtbaren Boden und führte schließlich am 20. Februar 1895 zur Gründung des Emschertaler Reiter- und Rennvereins. Ein entsprechend großes Gelände stellte der damalige Besitzer von Schloss Horst, Reichsfreiherr Maximilian von Fürstenberg-Borbeck, zur Verfügung. Am 11. August fand bereits das erste Pferderennen mit überwiegend aus der näheren Umgebung stammenden Teilnehmern statt, wobei Wetten am Totalisator zunächst nur Vereinsmitgliedern vorbehalten waren. Die Besucherzahlen stiegen ständig, nachdem die Wettteilnahme allen Besuchern ermöglicht und gleichzeitig andere Maßnahmen wie die Neugestaltung der Galopprennbahn, die Ausstattung mit Tribünen und zusätzlichen Sitzgelegenheiten durchgeführt worden waren. Lange bevor Fußballspiele die Menschen in die Stadien zogen und begeisterten, war der Pferdesport auf dem heutigen Gelsenkirchener Stadtgebiet die Nummer eins. Eine neue Straßenbahnlinie wurde bis zur Rennbahn eingerichtet, Sonderzüge zum kleinen Bahnhof Horst-Emscher-Süd umgeleitet. Herausragende Verdienste erwarb sich dabei Rudolf Rose, der von 1896 bis 1932 als Geschäftsführer des Rennvereins tätig war.

Viele Jahre später, im Jahr 1953, wird in einer Werbebroschüre für die Stadt Gelsenkirchen vermerkt: „Die Industriegroßstadt Gelsenkirchen weiß, was sie in dieser Horster Bahn und auch in der Traberbahn im Süden der Stadt besitzt. Es gibt kaum eine pferdesportfreudigere Bevölkerung, als sie diese Stadt besitzt; das erlebt man bei jedem Rennen in den Mauern dieser Stadt von Neuem." Nach vielen glanzvollen Höhepunkten wie dem Aral-Pokal und den Henckel-Rennen wurden die Pferderennen in Horst im Jahr 2003 auf Beschluss des Rates der Stadt Gelsenkirchen schließlich eingestellt, das Gelände einer neuen Nutzung für einen Golfclub mit entsprechender Anlage und einer Wohnbebauung als Stadtquartier am Schloss Horst zugeführt.

Anders sah die Entwicklung der Trabrennbahn Nienhausen im Süden der Stadt in der zu dieser Zeit noch selbstständigen Gemeinde Rotthausen aus. Auf dem riesigen Gelände war 1912 mit dem Flugplatz Essen-Gelsenkirchen-Rotthausen zunächst der erste kommunale Flugplatz im Deutschen Reich

Galopprennen um 1910.

mit einer Verbindung bis nach Berlin entstanden. Eine Flugschule, die Kondor-Flugzeugwerke und eine Tribüne für die jährlichen Flugtage und Wettflüge als herausragende Attraktionen für die Besucher kamen hinzu. Ab 1919 diente der Flugplatz sogar für kurze Zeit dem Postverkehr, bis dieser Standort schließlich aufgegeben und mit dem 1933 eröffneten Flugplatz Essen-Mülheim ein neues Kapitel der Fluggeschichte geschrieben wurde.

Genau neben dem Flugfeld in Rotthausen, 1924 zur Stadt Gelsenkirchen eingemeindet, errichtete man 1912 eine Trabrennbahn. Die Zahl der Renntage erhöhte sich ständig. Nach zweien im Gründungsjahr waren es nach kriegsbedingter Stagnation 1926 bereits 26 Wettkampftage mit stetig steigender Zuschauerzahl. Im Laufe der Zeit gab es deshalb zahlreiche Erweiterungen und Verbesserungen wie eine überdachte Tribüne, Ausbau der Stallungen oder die neue Zielfotoanlage im Jahr 1953. Die Trabrennbahn in Gelsenkirchen hatte sich längst auch einen international renommierten Ruf erworben, den bis heute zeitgemäße Veranstaltungen unterstreichen. So bleibt zu wünschen und hoffen, dass dieser in Gelsenkirchen beheimatete Pferdesport mit langer Tradition weiterhin und noch lange Zeit erhalten bleibt.

36 Sportliche Erfolge, nicht nur im Fußball
Gelsenkirchener Olympiasieger

Nicht nur im Fußball, auch in anderen Sportarten haben Gelsenkirchener große Erfolge aufzuweisen. Im Turmspringen, Boxen, Judo, Billard, Rudern, in der Leichtathletik, beim Turnen: Deutsche Meisterschaften, Europa- und Weltmeisterschaften – und bei den Olympischen Spielen sind Medaillengewinne zu vermelden, sogar eine Goldmedaille.

Josef Krämer (1879–1954) war der erste Teilnehmer bei olympischen Spielen, der aus Gelsenkirchen stammte. Als Vereinsmitglied des TV Ückendorf nahm er 1908 an den Sommerspielen in London beim Turnen im Siebenkampf teil, musste allerdings ohne Platzierung unter den ersten 20 die Rückreise nach Gelsenkirchen antreten. Erfolgreicher war der als Bergmann, später als Hauer und Schießmeister auf der Zeche „Holland" beschäftigte Sportler bei den sogenannten Olympischen Zwischenspielen zwei Jahre zuvor in Athen. Hier belegte er den 5. Platz im Fünf- und den 6. Platz im Sechskampf und war mit dem 5. Platz der deutschen Mannschaft im Riegenturnen ebenfalls erfolgreich.

Die erste olympische Medaille gewann Michael Murach (1911–1941) bei den Olympischen Spielen in Berlin im Jahr 1936. Er verlor zwar im Boxen den Endkampf im Weltergewicht gegen den Finnen Sten Suivo, gewann damit aber gleichzeitig die Silbermedaille. 1937 wurde er Europameister und in den Jahren 1935 bis 1940 fünf Mal deutscher Meister in seiner Gewichtsklasse.

Dann, im Jahr 1960, der größte Erfolg: Heinz Renneberg (1927–1999), Bernhard Knubel (1938–1973) und Klaus Zerta (geb. 1946) gewannen bei den Olympischen Spielen in Rom im Zweier mit Steuermann die Goldmedaille. Als Sieger erreichten sie vor dem Boot der Sowjetunion auf dem Albaner See das Ziel. In Gelsenkirchen und bei ihrem am Rhein-Herne-Kanal ansässigen Ruderverein Gelsenkirchen 1920 e.V. wurden die ersten Gelsenkirchener Olympiasieger begeistert empfangen. So erinnere ich mich noch heute daran, wie Heinz Renneberg, nur wenige Tage nach seinem großen Erfolg, den ganz Gelsenkirchen am Fernsehgerät verfolgt hatte, unsere Schulklasse besuchte, ausführlich über seine Erlebnisse berichtete, sich unseren Fragen stellte – und zuletzt seine Goldmedaille zeigte, die sich jeder Schüler einmal kurz um den Hals hängen durfte. Der sympathische Rudersportler war auch schon in den Jahren zuvor sehr erfolgreich gewesen. Bereits 1952 hatte er an den Olympischen Spielen in Helsinki teilgenommen und war 1951 und 1952 zusammen mit Heinz Eichholz Deutscher Meister im Zweier ohne Steuermann geworden. Übrigens: Trainingszeiten waren während der Mittagspause und nach Schichtende angesagt. Insgesamt gewann Renneberg mehr als 120 Regatten. Das Trio Renneberg, Knubel, Zerta wurde mit dem

Silbernen Lorbeerblatt, der höchstmöglichen sportlichen Auszeichnung Deutschlands, geehrt.

Auch bei den nächsten Olympischen Spielen vier Jahre später war wieder ein Gelsenkirchener mit einer Medaille erfolgreich vertreten. Günter Lyhs gewann mit der deutschen Olympiamannschaft in Tokio 1964 Bronze im Mannschaftsmehrkampf, zu dieser Zeit war er bereits Vereinsmitglied beim sauerländischen TV Jahn 04 Kierspe. Lyhs, der seine sportliche Karriere in Gelsenkirchen beim Turner-Club Gelsenkirchen 1874 begonnen hatte, ist einer der erfolgreichsten Turner in Deutschland. So kann er u.a. allein auf 19 nationale Einzeltitel im Ringeturnen, Pferdsprung und Bodenturnen verweisen.

Es sollte bis 1976 dauern, ehe wieder ein Gelsenkirchener bei Olympischen Spielen auf der Medaillenliste zu finden war. Reinhard Skricek (geb. 1948) gewann bei den Boxkämpfen im Weltergewicht im kanadischen Montreal die Bronzemedaille. Große Erfolge konnte er schon zuvor als Vereinsmitglied des BC Erle, später dann mit der Boxstaffel von Bayer 04 Leverkusen verzeichnen.

Ankunft der Olympiasieger: Bernhard Knubel (rechts), Karl-Heinz Renneberg (links) und in der Mitte Steuermann Klaus Zerta; ganz links ist Berni Klodt zu sehen.

37 Heinrich König
Vikar an St. Augustinus

Der zentral gelegene und neu gestaltete Heinrich-König-Platz ist nicht nur Haltepunkt mehrerer U-Bahnlinien, sondern hat sich schon nach kurzer Zeit zu einem beliebten Treffpunkt und Ort für Märkte und Musikveranstaltungen entwickelt. Bänke inmitten städtischer Betriebsamkeit laden zum Verweilen ein.

Der Namensgeber dieses Platzes wurde am 24. Juni 1900 in Höchst am Main geboren. 1924 wurde Heinrich König zum Priester geweiht. Nach mehreren Stationen kam er 1935 als Vikar in die Propsteigemeinde St. Augustinus. Am 30. September 1941 wurde der Priester nach Denunziation zu einer Vernehmung bei der Gestapo vorgeladen, verhaftet und blieb bis zum 2. Dezember in Gelsenkirchen inhaftiert. Der Vorwurf: Wehrkraftzersetzung – wegen eines Gesprächs mit einem Soldaten, der ein Seelenamt für seinen gefallenen Bruder bestellen wollte. Schließlich wurde Heinrich König ins KZ Dachau verlegt. Als gesunder Mensch wurde der Priester am 15. Dezember einer Übungsoperation unterzogen, durchgeführt von einem sich in Ausbildung befindenden SS-Medizinstudenten, mit schwerwiegenden gesundheitlichen Folgen. Anschließend verlegte man Heinrich König in den Priesterblock. In dieser Zeit herrschte in Dachau der äußerst brutale Lagerkommandant Alex Piorkowski. Massenmorde, Selektionen für die Vergasung und auch brutalste Misshandlungen waren an der Tagesordnung. Himmlers Leibarzt Prof. Gebhard ordnete weitere Menschenversuche an. Bei diesen „Experimenten" mit biochemischen Mitteln starb Heinrich König zusammen mit acht weiteren polnischen Priestern in der gleichen Versuchsgruppe nach 10 Tagen am 24. Juni 1942, seinem Geburtstag.

Überlebende Priester beschrieben die Zeit mit dem Gelsenkirchener Vikar so: „Die gütige Gesinnung machte nicht Halt bei den leiblichen Angehörigen, sondern war seine inwendigste Wesensart und prägte seine Haltung gegenüber allen, denen er begegnete." Eine andere Reaktion: „Seine ganze Persönlichkeit hat ihm die Herzen im Sturm erobert, ja man hat ihn als Heiligen verehrt."

In der überfüllten Propsteikirche fanden die Exequien ohne Leichnam statt. Pfarrer Siegmund Dieckamp, der engste Freund Königs, scheute in seiner Trauerrede nicht davor zurück, Anklage gegen die damals herrschende Politik zu erheben. „An diesem Tag leuchtet die Größe der Liebe auf, die die Gläubigen mit ihrem Priester und dem Priestertum verbinden." Das waren starke und mutige Bekenntnisse in schwerer Zeit.

Die Urne Heinrich Königs wurde 1989 von der Priestergruft auf dem katholischen Altstadtfriedhof in die Propsteikirche St. Augustinus überführt.

Heinrich König (1900–1942).

DER LOHN
FÜR EUER MUTIGES MAHNEN
WAR DER TOD
28794
22323
22498
22629
22825
28167
28303
28408
28450
König 28794
Heinrich 24.6.00
Geistlicher Höchst
5.12.41 Gelsenkirchen
25. Juni 1942

38 Franz Weber (1899–1985)
Fotochronist und mehr

Das Weber-Geschäft lag nicht mitten im Erler Zentrum, sondern etwas abseits an der Ecke Darler Heide/Brukterererstraße – aber der Name war nicht nur im Stadtteil bekannt, sondern Franz Weber erlangte weit über die Grenzen hinaus Ansehen und Wertschätzung durch seine „fotographische Lichtbildkunst" und als Fotochronist.

Bereits 1916 hatte sich seine Liebe zum Fotografieren entwickelt. Mit großer Freude und Begeisterung zog der junge Mann mit seiner Leica-Kamera durch den in dieser Zeit aufstrebenden, vom Bergbau geprägten Stadtteil in Gelsenkirchen. Details waren ihm beim Fotografieren ebenso wichtig wie ein entsprechend notwendiger Gesamteindruck seiner Motive mit Blick für das Alltägliche und auch Besondere. Diese Fotokunst wird besonders deutlich mit dem Bild der „Pfostensteher" am Erler Forsthaus, das zu einer Reihe von mehreren Fotos des selben Motivs gehört. Für die Menschen jener Zeit eine sonntägliche Ansicht, für uns heute ein zum Nachdenken anregender dokumentarischer Rückblick in eine längst vergessene Zeit: Friedliche Fußballfans von Erle 08 standen 1927 auf begrenzenden Pfosten einer direkt am Sportplatz vorbeilaufenden Zechenbahn

„Pfostensteher" – Zuschauer, die das Fußballspiel am Erler Forsthaus von außerhalb verfolgen (1927).

und schauten, im wahrsten Sinne des Wortes als „Zaungäste" auf das Spielgeschehen, adrett angezogen in feinem Sonntagsanzug mit Krawatte und Hut. Das erforderte natürlich auch ein geduldiges Stehvermögen – und, so bemerkte ein Mediziner begeistert beim Anblick dieses historisch wertvollen Bildes, „kein Mensch damals dabei mit Übergewicht".

Franz Weber hinterließ eine Vielzahl dieser bemerkenswerten Fotos innerhalb seiner 70 Jahre langen Schaffensphase mit Straßen- und Industrieansichten, Schulen, Bauernhöfen und Porträts. Seine stimmungsvollen Bilder zeigen Schloss Berge, den Berger See und die inzwischen längst verschwundene Mühle, Haus Leythe und die um 1930 noch vorhandene Gräftenanlage, Schloss Grimberg, Bauernhöfe, den Rhein-Herne-Kanal als Schifffahrtsweg und kostenloses Bade- und Freizeitparadies mit seinen Häfen und viele weitere kunstvoll gestaltete Ansichten. Aber auch Alltagsszenen wie Schlachttage, Kirmes, Hochwasser in den Straßen, Milchwagen, Taufen und der Protestmarsch Erler Bürger anlässlich der Schließung der Zeche „Graf Bismarck" 1966 haben hohen dokumentarischen und künstlerischen Wert. Unter Lebensgefahr dokumentierte Franz Weber sogar im Jahr 1944 das Grauen des Krieges nach einem verheerenden Luftangriff auf den Stadtteil Erle mit zerbombten Häusern und sichtlich unter Schock stehenden Menschen.

Seine Fotos fanden immer wieder Anerkennung bei Ausstellungen und wurden häufig mit Preisen bedacht. Der Autodidakt Weber entwickelte die Fotos in seiner Dunkelkammer selbst. Das Ergebnis: mehr als 60.000 Negative und 40 prall gefüllte Fotoalben. In seinem Erler Geschäft verkaufte er als exzellenter Fachmann dann Kameras, Fotozubehör und nahm sich auch die Zeit, Erfahrungen, Tipps und Anleitungen zum Fotografieren an seine Kunden weiterzugeben.

Franz Weber (1899–1985).

Bereits 1896 hatte sein Vater, Heinrich Hermann Weber, mit „königlich-preußischer" Erlaubnis ein Geschäft zum „Handel mit Buch- und Schreibmaterialien" eröffnet – aus heutiger Sicht eine sicherlich mutige Entscheidung in einem Bergarbeiterstadtteil wie Erle. Bücher, Schulbedarf, später Zeitschriften, kirchliche Devotionalien und noch vieles mehr waren bis 2017 im Angebot, als Franz Weber jun. diese nach 121 Jahren zu diesem Zeitpunkt älteste Buchhandlung in Gelsenkirchen schloss – damit ging eine traditionsreiche und erfolgreiche Ära zu Ende.

39 Ehrenamtliches Engagement
Norbert Labatzki

Eine Stadtgesellschaft zeichnet sich auch durch das ehrenamtliche, uneigennützige Engagement ihrer Bürger aus. Diese am Gemeinwohl orientierten unterschiedlichsten Tätigkeiten, Aktionen und Projekte mit Vorbildcharakter sind unverzichtbar und aus dem städtischen Leben nicht wegzudenken.

Ideengeber und Organisator der jährlich im Hans-Sachs-Haus durchgeführten „StraßenFeuerSpendenGala", die sich inzwischen zu einem kulturellen Highlight entwickelt hat, ist der Gelsenkirchener Musiker Norbert Labatzki. Künstler wie Herbert Knebel, Fritz Eckenga oder Hagen Rether treten im stets mit 700 Zuschauern ausverkauften Saal mit einem bunten Musik- und Comedyprogramm kostenlos auf, um Geld für die Obdachlosenhilfe zu sammeln. Mit dabei auch Mitglieder des MiR-Ensembles (Musiktheater im Revier), Bergmannschöre oder bekannte Gitarrensolisten wie Rafael Cortes mit Sohn – und natürlich Norbert Labatzki. „In Gelsenkirchen ist die Hilfe für Obdachlose wirklich gut aufgestellt. Und das ist sowohl der Stadt Gelsenkirchen als auch den Bürgern zu verdanken", resümiert Streetworkerin Cornelia Müller. Unterstützt werden von den fünfstelligen Spendeneinnahmen die Aktionen „Warm durch die Nacht" und „Arzt Mobil", wobei der Erlös zwischen beiden Vereinen aufgeteilt wird. Ein herausragendes Beispiel persönlichen Engagements mit einer Gewinnsituation für alle Beteiligten: Für die auftretenden Künstler, Zuschauer, Initiatoren und die Obdachlosen, denen diese Spenden dann letztendlich zugutekommen.

Norbert Labatzki steht schon seit mehr als 30 Jahren auf der Bühne. Der gebürtige Gelsenkirchener mit Studienabschluss Gesang, Gitarre, Saxophon und Klarinette ist aus der örtlichen Musikszene nicht mehr wegzudenken, gilt als bester deutscher Klezmer-Klarinettist und ist längst weit über die Stadtgrenzen hinaus bekannt, wobei er sogar lobende Erwähnung in der „New York Times" fand. Legendär seine Auftritte mit Helge Schneider, Fritz Eckenga, Christoph Schlingensief, mit dem „Duo Zündholz", nun mit der Klezmerband „Badeken Di Kallah", im Gelsenkirchener Musiktheater in „Anatevka". Zudem hat sich Norbert Labatzki auch als Autor und Komponist von Filmmusik einen Namen gemacht.

Norbert Labatzki.

40 Eine Stadt voller Musik
Knappenchor Consolidation

Gelsenkirchen ist eine sangesfreudige Stadt. Das belegen die fast 30 unterschiedlich ausgerichteten Chöre – und bei jedem Schalke-Heimspiel Tausende Fans vor Spielbeginn mit dem emotionalen Steiger- und Vereinslied. So soll anhand des Beispiels des Knappenchors Consolidation auf die traditionelle musikalische Verbundenheit von Gesangsvereinen mit den Menschen vor Ort hingewiesen werden.

Die gegenwärtigen Chöre in der Stadt decken ein breites Spektrum an unterschiedlichen Musikangeboten ab. Als Jugend-, Kinder-, Männer-, Frauen-, Kirchen- oder Werkschor bereichern sie mit ihrem großen Repertoire das Musikangebot schon seit langer Zeit, wie Gründungsdaten vieler Vereine schon vor 1900 belegen. Ihre kulturelle Arbeit ist aus dem städtischen Leben nicht mehr wegzudenken. So wie beim schon längst über die städtischen Grenzen hinaus bekannten im Jahr 1917 von Bergleuten gegründeten Knappenchor Consolidation.

Heimatort war und ist immer noch Schalke. Im Zuge der Kohlenkrise schloss man sich 1967 mit dem MGV Unser Fritz zusammen, eine gute Entscheidung für eine bis heute erfolgreiche Zeit. Die Auftritte erfolgen in Bergmannstracht. „Wir tragen stolz die schwarze Tracht, als Zeichen eines Knappen, und schaffen in tiefer, dunkler Nacht, mit Schlägel und Eisen, unserem Wappen“, so eine Beschreibung von Hermann Adamzcyk, 2011 verstorbenes Chor-Mitglied, in einem Gedicht.

Ich erinnere mich noch an den überraschenden, emotionalen Auftritt einiger mit meinem Vater befreundeten Sängern in einem Gebäude der Zeche Consol an der Schalker Gewerkenstraße, als er nach über 40 Jahren Maloche als Bergmann Untertage, später dann Übertage im Jahr 1974 verabschiedet wurde – mit viel Bier, Schnaps, Mettbrötchen und lautem, fröhlichem und aus dem Herzen kommenden Gesang.

Es bleibt zu hoffen, dass der sich der „Pflege des bergmännischen Liedguts" verpflichtete Traditionschor mit dem Vorsitzenden Frank Beran, Chorleiter Lothar Trawny und den derzeit 38 Sängern trotz Beendigung der Bergbau-Ära als Markenzeichen der Stadt noch lange erhalten bleibt.

Knappenchor Consolidation.

41 Sagenhaftes Gelsenkirchen
Backems Krüz

Auch in Gelsenkirchen gibt es zahlreiche märchenhafte Geschichten, Sagen und Erzählungen, oft auf der Grundlage historischer, lokaler Ereignisse und Bezüge. Als volkstümliche Erzählungen wurden sie zunächst in vorindustrieller Zeit von Generation zu Generation weitergegeben.

Erst ab 1900 erfolgte eine erste systematische Sammlung dieser volkstümlichen Geschichten, sie wurden schriftlich aufgezeichnet und später in Heimatbüchern wie „Im Herzen des Ruhrlandes" von Reinhold Grasreiner oder im „Vestischen Kalender" veröffentlicht. So existieren heute vielfältige, unterschiedliche, spannende, auch unheimliche Erzählungen aus dem hiesigen Raum mit Zwergen und Riesen, Elfen und Feen, spukenden und polternden Geistern, Hexen und Nixen, Schlangen und Drachen und vielen weiteren aus der Märchen- und Sagenwelt bekannten Fabelwesen. Oft spielt dabei auch die Emscher eine wesentliche Rolle, wie in der Geschichte mit den Eisriesen „Ambis und Cara". Hier wird in einer aufwühlenden literarischen Darstellung mit den Eiszeiten erklärt, wie das Emscher-Flusssystem entstanden ist, „denn nichts konnten die Eisriesen mehr hassen als Sonnenschein und Sonnenwärme. Nach und nach waren sie nun als Wasser dahingeschieden. Und da Wasser immer talwärts fließt, so flossen Ambis und Cara gen Sonnenuntergang, denn dorthin zu neigt sich sanft das Land". „Emscher-Neck und Emscher-Nixe", „Die große Schlange", „Der Schild des Emscherriesen" oder „Das Emschermännchen" sind weitere Geschichten aus diesem Themenbereich.

Eine historisch belegbare Geschichte verbindet sich, als steinernes Monument aus dem 15. Jahrhundert bis heute erhalten, mit dem Backems Krüz in Buer an der Adenauerallee in der Nähe des Bergmannsheils. Dieses ursprünglich am Standort eines Verbrechens an der Ecke Vom-Stein-Straße/Cranger Straße in Buer errichtete Sühnekreuz erinnert an einen gut dokumentierten Mord, begangen am 17. Januar 1480 bei der sonntäglichen Schlittenfahrt zur buerschen St.-Urbanus-Kirche. Der Täter war der Adelige Dietrich von Backem, der im Schloss Grimberg auf der südlichen Emscherseite lebte. Das Opfer war der Adelige Adrian von Sobbe vom Haus Leythe. Vorausgegangen waren der Tat Streitigkeiten wegen der Holzrechte, des Wildpferdefangs in der Berger Mark und der Fischrechte in der Emscher. Bei diesem Verbrechen wurde auch Sobbes Ehefrau Mechthild von Eickel schwer am Arm verletzt. Dieses dramatische Geschehen wurde letztendlich vor Gericht verhandelt, wobei der Täter schließlich zu fünf Jahren Festungshaft verurteilt wurde. Nach seiner Haftentlassung musste Dietrich von Backem an der Mordstelle als Sühne für seine Freveltat ein Erinnerungszeichen aufstellen. Viele aus dieser Zeit stammenden Mahn- oder Sühnekreuze gibt es immer noch, oft zu finden an entlegenen, einsamen Stellen in Wäldern oder als Wegekreuz an Feldern.

Auf dieser historischen Grundlage entwickelte sich auch die Sage vom Backems Krüz. So wird erzählt, dass der Geist des Mörders in seinem Sarg niemals Ruhe finden wird. In der ersten Vollmondnacht jeden Jahres erscheint er als vermummter Ritter mit glühendem Schwert und verbreitet Angst und Schrecken, während ihm eine am Kreuz stehende, schwarz gekleidete Frau gegenübertritt, die ihn drohend mit erhobenem und blutigem Arm an die feige Mordtat erinnert. Panikartig und mit lautem Getöse verlässt der schwarze Geist den Tatort und verschwindet mit Pferd und Schlitten in die Lüfte – bis zum nächsten Jahr.

Das heute noch erhaltene Sühnekreuz war ursprünglich viel größer. Aber auch das wird in dieser unheimlichen Geschichte erklärt: Ein Bauer aus Erle, der einmal zufällig dem gespenstischen Treiben in der Vollmondnacht zusah, zerschlug vor lauter Angst und Schrecken das Kreuz. Übrig blieb nur der Stumpf.

Backems Krüz.

42 Dahlbusch-Bombe
Rettung mit glücklichem Ausgang

Immer wieder ereigneten sich im Bergbau schwere Unglücke mit oft zahlreichen Toten und Verletzten. Hohlräume stürzten ein, Bergleute wurden bei ihrer gefährlichen Arbeit verschüttet, es gab Explosionen mit verheerenden Auswirkungen oder technische Fehler führten zu Unfällen.

So starben in Gelsenkirchen im Jahr 1955 bei einer Schlagwetterexplosion auf der Zeche Nordstern in Horst 14 Bergleute, weitere 42 Bergleute kamen im August auf der Zeche Dahlbusch in Rotthausen bei einer Schlagwetter-/Kohlenstaubexplosion ums Leben. Auch auf den vielen anderen Zechen im Stadtgebiet gab es immer wieder Grubenunfälle, die zwar nicht immer tödlich endeten, oft aber mit schwersten Verletzungen, sodass eine weitere Tätigkeit im Bergbau für die Betroffenen nicht mehr möglich war. Allerdings gab es in Gelsenkirchen im Mai 1955 ein Grubenunglück mit einem glücklichen Ausgang, wobei das Rettungsgerät und die Rettung nach dieser neuen Methode Berühmtheit erlangten und bei zahlreichen anderen Grubenunglücken auf der ganzen Welt erfolgreich angewandt wurden – und noch immer werden.

Nach der glücklichen Rettung.

Die drei Bergleute Martin Sander (34 Jahre), Manfred Arlt (18 Jahre) und Heinz Krause (33 Jahre) wurden während der Mittagsschicht auf der Zeche Dahlbusch am 7. Mai 1955 um 18 Uhr in einem Füllort einer alten Strecke (Schnittstelle zwischen Schacht- und Streckenförderung) durch einen Gesteinseinbruch eingeschlossen. Zahlreiche Rettungsmöglichkeiten wurden in alle Eile besprochen, mussten aber aus den unterschiedlichsten Gründen verworfen werden. So fasste man zunächst den Entschluss, die eingeschlossenen Bergleute durch ein Bohrloch zu erreichen, um sie dann auf diesem Weg mit Nahrung versorgen zu können. Im Krisenstab entstand die Idee, dieses bereits vorhandene Verpflegungs- zu einem Rettungsbohrloch zu erweitern, was allerdings zunächst einmal viele noch zu lösende technische Probleme aufwarf. Letztendlich gelang eine erfolgreiche Erweiterungsbohrung nach 28 Stunden Bohrzeit. Man entschied sich, die Eingeschlossenen, in einem Behälter geschützt, durch das nun erweiterte Bohrloch zu befreien. Unter Berücksichtigung zahlreicher anderer wichtiger Aspekte wurde schließlich in aller Eile das Ret-

Steiger Kipp fährt zu den Eingeschlossenen hinunter in der Dahlbusch-Bombe.

tungsgerät gebaut, sodass nach 124 Stunden Konstruktion, Fertigung und weiteren notwendigen Vorbereitungen mit der erfolgreichen Rettung der Bergleute begonnen werden konnte. Die drei im Flöz „Wilhelm" eingesperrten Bergleute wurden am 12. Mai 1955 um 22 Uhr nach 5 Tagen und 4 Stunden des Bangens und Hoffens befreit – eine bergmännische Meisterleistung in Gemeinschaftsarbeit aller an diesem glücklichen Ausgang Beteiligten. Die Rettung erfolgte durch ein Bohrloch, das in einer Tiefe von 900 Metern insgesamt 42 Meter nach oben gebohrt wurde und einen Durchmesser von 40 Zentimetern besaß, und mit einem auf die Schnelle entworfenen und gebauten Rettungsgerät. Nach dem gelungenen Rettungswerk fuhr Heinz Krause als Einziger wieder in die Grube ein.

Eines von drei bei dieser Aktion gebauten Exemplare der Dahlbusch-Bombe befindet sich noch vor Ort in Rotthausen im Treppenhaus der ehemaligen Verwaltung der Dahlbusch AG, die beiden anderen Rettungskapseln sind im Bergbaumuseum in Bochum und im Deutschen Museum in München untergebracht. Es lässt sich allerdings nicht mehr feststellen, welches Exemplar im Einsatz war.

Im Jahr 1963 wurde diese erstmals in Gelsenkirchen angewandte Methode mit dem später „Dahlbusch-Bombe" genannten Rettungsgerät landesweit bekannt – nicht zuletzt durch die Live-Übertragung im Fernsehen, als auf einer Eisenerzgrube in Lengede 14 eingeschlossene Bergleute gerettet wurden – in die Geschichte eingegangen und auch verfilmt unter dem Namen „Das Wunder von Lengede".

43 Soziale Bewegungen und Arbeitskämpfe
Die Streiks von 1889 und 1979

Arbeitskämpfe und soziale Bewegungen haben im Ruhrgebiet eine lange Tradition. Die beiden hier aufgeführten Beispiele aus Gelsenkirchen machen deutlich, dass das mutige Engagement der betroffenen Arbeitnehmer und Arbeitnehmerinnen zu persönlichen Verbesserungen ihrer Situation und zu weitreichenden gesellschaftlichen und politischen Veränderungen geführt hat.

Einer der ersten großen, überregionalen Streiks im Ruhrgebiet fand 1872 statt. Die Forderungen der Bergleute veranschaulichen die unglaublichen Missstände ihrer Arbeitssituation: Lohnerhöhung um 25%, Achtstundenschicht inklusive Ein- und Ausfahrt – bisher konnten die Zechenbetreiber eine

Proben zum Theaterstück.

Arbeitszeit von bis zu 12 Stunden täglich ohne Bezahlung der Ein- und Ausfahrt festlegen – und vor allem die Abschaffung des unrechtmäßigen „Wagennullens“, wobei der Arbeitslohn der gesamten Fördermenge gestrichen wurde, wenn sich auf dem Kohlewagen auch „unreines Gestein“ befand. Hinzu kamen unvorstellbare hygienische Bedingungen, so mussten sich die Bergleute beispielsweise nach der Arbeit in großen Wasserbassins waschen. Bei diesem Streik erreichten die Bergleute zwar einige geringfügige Verbesserungen, aber insgesamt verschärften die Arbeitgeber im Laufe der Zeit die Situation der Bergarbeiter durch weitere Disziplinar- und Strafmaßnahmen. Die Weigerung jugendlicher Pferdejungen und Schlepper der Zeche „Präsident“ in Bochum zur Anfahrt bei der Morgenschicht am 25. April 1889 war daher Auslöser für den dann folgenden größten Massenstreik mit über 100.000 sich im Ausstand befindlichen Bergleuten. Es blieb nicht nur bei Kundgebungen und Demonstrationen. Verhaftungen, gewalttätige Polizeieinsätze mit Schießbefehl und insgesamt 11 Tote waren die Bilanz dieser Streiktage, wobei letztendlich auch einige Verbesserungen wie kleine Lohnerhöhungen erreicht wurden. Grundsätzlich blieb es aber wie zuvor.

Theaterstück über die Heinze-Frauen: Theaterprobe von ehemaligen Beschäftigten der Heinze-Fotolabor-Betriebe.

Aus diesen Erfahrungen heraus, es mangelte vor allem noch an fehlenden Absprachen und methodischen Vorgehensweisen, entwickelte sich aber erstmalig die Einsicht in die Notwendigkeit einer überregionalen Interessenvertretung der Bergleute. Sie führte 1889 in Dorstfeld zur Gründung des Verbands zur Wahrung und Förderung bergmännischer Interessen in Rheinland und Westfalen, wobei der Bogen dann bis zur späteren Industriegewerkschaft Bergbau und Energie (IGBE) gespannt werden kann.

„Keiner schiebt uns weg“. Dieses Lied war die Hymne des Widerstands der Heinze-Frauen, die Ende der 1970er-Jahre um gerechten Lohn kämpften, als sie zufällig entdeckten, dass ihre männlichen Kollegen für die gleiche Arbeit mehr Lohn als sie erhielten. Zunächst stießen die mutigen Frauen mit ihrem Anliegen auf heftigen Widerstand und nur durch Solidarität und Zusammenhalt erreichten die 29 im Gelsenkirchener Foto-Unternehmen Heinze beschäftigten Frauen vor dem Bundesarbeitsgericht in Kassel in dritter Instanz 1981 ihr Ziel: gleicher Lohn für gleiche Arbeit. Das Urteil erregte Aufsehen, hatte bundesweite Konsequenzen mit zahlreichen Folgeprozessen und war gesellschaftspolitisch ein wichtiger Schritt für die Gleichberechtigung von Männern und Frauen im Beruf. Allerdings: Die Firma Heinze ging 1983 in Konkurs. Somit konnten die Heinze-Frauen nur einen Teil der ihnen zugestandenen 100.000 Mark zurückerhalten. An diese bemerkenswerte Geschichte mit Tiefenwirkung erinnerten Ausstellungen und Veröffentlichungen sowie 2018 der bundesweit zu bester Sendezeit ausgestrahlte ARD-Spielfilm „Keiner schiebt uns weg“.

44 Das Wappen der Stadt Gelsenkirchen
Genehmigung folgt …

Bis zur Zusammenführung zur Gesamtstadt verfügten nur die Gemeinden Gelsenkirchen und Buer über ein eigenes, amtlich genehmigtes Wappen. Dies sollte sich mit der Vereinigung am 1. April 1928 ändern, denn nun musste ein anderes Kennzeichen als „redendes Sinnbild" für das neu entstandene Gemeinwesen mit dem Amt Horst geschaffen werden.

So wurden von allen drei vereinigten Gemeinden wesentliche, aussagekräftige Teile in das neu zu gestaltende gevierte Wappen übernommen. Im linken oberen schwarzen Feld findet sich eine silberne Kirche mit Mittelturm. Sie stammt aus dem am 12. Mai 1877 von der Regierung genehmigten Stadtwappen Gelsenkirchens und ist ein Hinweis auf die St.-Georgs-Kapelle, die zu Beginn des 11. Jahrhunderts auf einem Grundstück des Brockhofes von Essener Äbtissinnen gegründet wurde. Um die spätere Kirche herum entwickelte sich eine kleine Ansiedlung, Ursprung der heutigen Stadt und bereits 1150 als „Geilistirinkirkin" erwähnt. Erst zwei Jahre nach Stadtwerdung, am 13. Dezember 1913, erhielt Buer ein eigenes Wappen. Diesem entlehnt wurde im rechten oberen silbernen Feld eine „bewurzelte grüne Linde", so die offizielle heraldische Beschreibung. Sie stammt aus dem Siegelbild der Freiheit Buer (1724). Horst selbst verfügte nicht über ein eigenes Wappen, allerdings mit dem Wappenbild der Ritter von Horst als Gründer der Burg und späteren Freiheit über ein adäquates anderes Symbol: So fanden „fünf blaue Balken, belegt mit einem roten steigenden, bezungten, doppelschwänzigen Löwen" entsprechende Berücksichtigung.

Wappen von Gelsenkirchen.

Mit dem Bergbau-Symbol Schlägel und Eisen wird zudem deutlich auf die große Bedeutung des Steinkohlen-Bergbaus und der Eisenindustrie für die Stadt und somit auch für ihre Menschen hingewiesen. Es befindet sich, so die offizielle Beschreibung, „im rechten unteren Felde; Schlägel und Eisen, silbern, schräg gekreuzt". Die Genehmigung, dieses Wappen zu führen, erteilte das Preußische Staatsministerium am 21. Januar 1933. Das heutige Wappen ist eine stilisierte Überarbeitung des vorherigen mit Zustimmung des NRW-Innenministerium aus dem Jahr 1954.

Graffiti mit zwei identitätsstiftenden Elementen.

Mosaik des ehemaligen Gelsenkirchener Stadtwappens, das ursprünglich am alten Rathaus am Machensplatz angebracht war.

45 Bergbaumotive im Stadtbild
Die Vergangenheit bleibt lebendig

Nicht nur ehemalige Standorte der Zechen, im gesamten Stadtgebiet verteilt, erinnern an die Bergbauzeit in Gelsenkirchen. Überall im öffentlichen Raum lassen sich Kunstwerke und Motive mit entsprechenden Bezügen zu der inzwischen vergangenen Zeit finden, als der Kohleabbau das Leben und den Alltag bestimmte und prägte.

Wer aufmerksam durch die Stadt geht, entdeckt auf Schritt und Tritt vor allem an Hausfassaden und Eingangstoren die bergmännischen Symbole Schlägel und Eisen, oft in Kombination mit dem Glückauf-Gruß der Bergleute, der lange Zeit zur selbstverständlichen, alltäglichen Begrüßungskultur gehörte. Gärten und kleine Plätze in den ehemaligen, von Bergleuten bewohnten Zechensiedlungen verschönern mit Blumen geschmückte Kohlenwagen. Auf die Lore sind oft eine Ansicht und weitere Informationen zu der zumeist in unmittelbarer Nähe gelegenen Zeche zu finden. Zu diesen Bergbaudarstellungen gehören auch solche der Schutzpatronin der Bergleute, der Heiligen Barbara, die auf Glasfenstern und Denkmälern vor allem auf Friedhöfen in Rotthausen, Heßler, Horst, Bulmke und Buer im Zusammenhang mit Grubenunglücken verewigt ist, die zahlreichen Menschen das Leben kosteten.

Ein besonders herausragendes an den Bergbau erinnerndes Kunstwerk befindet sich am Heinrich-König-Platz neben der St.-Augustinus-Kirche im Zentrum Gelsenkirchens mit dem „Glückauf-Denkmal“ von Jürgen Goertz. Dieses außergewöhnlich gestaltete Ensemble aus dem Jahr 1996, das sowohl Zustimmung fand als auch heftige Proteste auslöste, zeigt verschiedene typische Aspekte aus dem Bergmann- und Alltagsleben. Dazu gehören die ungewöhnliche Darstellung eines Bergmanns, der auf einer Alu-Halbkugel mit einem Sichtfenster sitzt, hinter dem sich echte Kohle befindet, eine verfremdete, auf den ersten Blick irritierende, aber sehr zum Nachdenken anregende Barbara-Figur, das Stifterbild mit dem ehemaligen Propst Sternemann zusammen mit Ruhrbischof Franz Hengsbach, eine Art Erinnerungsplakette an die Bergbauzeit und an der Hauswand, nicht auf den ersten Blick zu erkennen, eine gerade ihren Schlag anfliegende Taube.

Vor der St.-Augustinus-Kirche.

46 Der zwölfte Mann
Schalke 04 und der Heilige Aloisius

Das gibt es nur bei uns in Gelsenkirchen: An dieses im Jahr 1958 entstandene Lied des Wiener Kabarettisten Georg Kreisler fühlt man sich erinnert – aber nun im positiven Sinn. Denn diese Form der Darstellung eines Heiligen als Fußballspieler in einer Kirche ist wohl weltweit einzigartig.

Die Industrie hatte Schalke schon längst erobert, als für die inzwischen in großer Zahl heimisch gewordenen und immer noch ins aufstrebende Ruhrgebiet kommenden Menschen ein entsprechend großes Gotteshaus errichtet wurde. Die Einweihung der St.-Josefs-Kirche wurde im Jahr 1894 mit einer Heiligen Messe gefeiert. 1897 gehörten 13.000 katholische Gläubige aus dem Arbeiterstadtteil zu dieser zum Bistum Paderborn gehörenden eigenständigen Schalker Pfarrei.

Am 6. November 1944, bei einem verheerenden Bombenangriff auf die Schalker Industrie, wurde auch die St.-Josef-Kirche weitgehend zerstört. Erst ab 1951 erfolgte der Wiederaufbau. Im Zuge dessen wurde Walter Klocke (1887–1965) mit der Neugestaltung der Kirchenfenster beauftragt. Klocke lebte und arbeitete in Gelsenkirchen, hatte sich auf die Neugestaltung von Bleiglasfenstern und den Ersatz zerstörter Originale spezialisiert. Bekannt ist auch, dass er guten Kontakt zu Berni Klodt hatte, dem Schalker Spielführer der 1958er-Meisterschaft, und ihn häufig in dessen Kneipe am Schalker Markt aufsuchte. Somit waren die Idee und die Grundlagen für die Neugestaltung eines ganz speziellen Kirchenfensters gelegt. Eine Darstellung des Heiligen Aloisius, dem Schutzpatron der Jugend, sollte es werden, eben als Fußballspieler – und hierfür gab es wohl keinen besseren Ort als im Herzen des fußballbegeisterten Schalke.

Im fernen Erzbistum Paderborn fand diese Idee allerdings keine Zustimmung, eine Ausgestaltung im Inneren des Gotteshauses im Zusammenhang mit Fußball – undenkbar. Im Jahr 1958 wurde das neue Ruhrbistum mit Sitz in Essen gegründet, der aus dem Sauerland stammende neue Ruhrbischof war Franz Hengsbach. Er kannte wohl die Schalker Gemeinde sehr gut und sicherlich auch die Bedeutung des Fußballs für die Menschen vor Ort. Sein Onkel war vor vielen Jahren in der St.-Josef-Gemeinde als Pfarrer tätig gewesen. Aus dem neuen Bistum gab es für die Realisierung des Klocke-Entwurfs keine Einwände. So sehen wir nun den Schutzpatron der Jugend im Seitenschiff in dieser ungewöhnlichen Glasmosaik-Darstellung mit christlichen Insignien wie dem Schwert für Wahrheit und Tugend und den IHS-Zeichen für die göttliche Verbundenheit. Aber eben auch als Fußballspieler, natürlich in den entsprechenden Schalker Vereinsfarben: blau-weiße Stutzen, Fußball und den zu jener Zeit typischen Fußballschuhen mit entsprechenden Schnürbändern. Dieser Bezug zum kon-

Heiliger Aloisius – Kirchenfenster in St. Josef, Schalke.

kreten Leben der Menschen ist bis heute erhalten geblieben.

Unter dem Motto „Vorm Spiel is inne Kirche" öffnet Pfarrer Ingo Mattauch mit seinem Team bei Heimspielen die Türen des Gotteshauses. So sieht man hier lange vor Spielbeginn viele Menschen in Fan-Kleidung, nicht nur um dieses außergewöhnliche Kirchenfenster zusammen mit den anderen ebenso hochkarätigen Mosaiken zu bewundern, sondern auch, um die Gelegenheit für ein Gespräch, eine Führung durch die Kirche oder auch für ein Gebet im Stillen zu nutzen. Vielleicht findet es ja entsprechendes Gehör und die Meisterschale kommt nach 60 Jahren wieder einmal in die weltberühmte Fußballmetropole inmitten des Stadtteils zum Schalker Markt. Wenn überhaupt, dann kommt man hier dem Mythos dieses alten Arbeiterklubs ganz nahe.

47 „Der Ball"
Kunst im öffentlichen Raum

Kunst findet man in Gelsenkirchen nicht nur im musealen Bereich, sondern auch im öffentlichen Raum: in Parks, an Straßenecken, Plätzen, Gebäuden oder seit einigen Jahren auch an den Haltestellen der U-Bahn. Diese zu unterschiedlichen Zeiten oft von bekannten Künstlern geschaffenen „Outdoor-Kunstwerke" sind auch ein Spiegelbild des Zeitgeistes der entsprechenden Epoche.

So können hier nur einige Beispiele der im ganzen Stadtgebiet verteilten Skulpturen und Reliefs erwähnt werden. Zu den Highlights zählt ohne Zweifel der 1987 von Takashi Narah geschaffene Brunnen vor dem Musiktheater. Scheinbar mühelos trägt eine Wasserfontäne den schweren Granitstein. Ein echter Hingucker am Eckhaus Husemann-/Bahnhofstraße ist noch immer das 1949 von Franz Martens geschaffene Glasmosaik mit der Darstellung der fünf Säulen der Gelsenkirchener Wirtschaft, das ehemals den Eingang des alten Hauptbahnhofs schmückte. Zu den weithin sichtbaren Kunst-Landmarken gehören der „Herkules" auf dem Nordsternturm, die im Jahr 2000 geschaffene Lichtinstallation „Consol gelb" in Bismarck auf dem Förderturm der Zeche und der Kugelgasbehälter „Der Ball". Rolf Glasmeier (1945–2003), Professor für Kunstdesign an der Muthesius Kunsthochschule Kiel und Mitglied der Ruhrgebiets-Künstlergruppe B1, verlieh diesem Objekt auf der tristen Insel zwischen Rhein-Herne-Kanal und Emscher mit der im Jahr 1985 farbenfrohen Neugestaltung – rote Stützen, gelbe Punkte auf blauem Hintergrund – den Eindruck von Leichtigkeit und Verspielt-

heit, was im Gegensatz zu seiner rein funktionellen Nutzung steht.

Wichtige Impulse für das vielseitige Kunstleben in Gelsenkirchen gingen von der mit städtischer Unterstützung im Jahr 1931 in Ückendorf gegründeten Künstlersiedlung „Halfmannshof" aus. In dem ehemaligen bäuerlichen Anwesen wirkten und arbeiteten Maler, Bildhauer, Architekten und Grafiker nach der Bauhaus-Idee als Hofgemeinschaft unter einem Dach – nach der Gründung kamen Puppenspieler und Schriftsteller Heinrich Denneborg, Goldschmied Willi Spürkel, Kunstbuchbinder Heinz Klein und weitere bekannte Künstlerinnen wie die Weberinnen Berta Obertüschen, Elisabeth Pieper sowie die Modezeichnerin Elli Lindner hinzu.

„Der Ball" zwischen Kanal und Emscher.

48 Kunstmuseum Gelsenkirchen
Wie aus Vorurteilen Vorteile werden

Ein Museumsbesuch ist teuer, denn Ermäßigungen gelten nur für bestimmte Personengruppen! – Nicht so im Kunstmuseum Gelsenkirchen. „Eintritt frei!" heißt es seit mehr als 60 Jahren. Und das gilt für jeden: Ob Kinder, Jugendliche, Schüler, Erwerbslose, Rentner, Schwerbehinderte oder Erwachsene – das kostenfreie Angebot des Besuchs von Sammlungen oder Wechselausstellungen kennt keine Ausnahme.

Ein Rundgang durch das Museum braucht viel Zeit, mindestens zwei oder drei Stunden! – Keineswegs. Da der Eintritt frei ist, lohnen sich auch Kurzbesuche. Warum nicht mal die Mittagspause oder Wartezeiten nutzen, um eine spezielle Ausstellung anzuschauen? Das Kunstmuseum Gelsenkirchen hat täglich außer montags von 11 bis 18 Uhr geöffnet.

Ein Museumsgebäude ist mit Ehrfurcht und Demut zu betreten, schließ-

lich handelt es sich um „heilige Hallen"! – Fröhliches Kinderlachen und lebendige Diskussionen sind im Kunstmuseum Gelsenkirchen an der Tagesordnung. Bei dem Museumsbau des Gelsenkirchener Architekten Albrecht E. Wittig, der 1984 eröffnet wurde, handelt es sich um ein modernes offenes Gebäude mit mehreren halboffenen Treppenbereichen, Galeriegängen und durchlässigen Blickachsen. Über eine gläserne Brückenpassage mit kinetischer Lichtwand ist es mit der Alten Villa, dem alten Museumstrakt in einem ehemaligen Wohnhaus aus der Gründerzeit an der Horster Straße, verbunden. In der denkmalgeschützten Villa werden die großen Wechselausstellungen eingerichtet.

Von moderner Kunst verstehe ich nichts! – Modern ist mit Blick auf die jahrtausendalte Geschichte der Kunst nur der jüngste Zeitraum. Die Sammlung des Kunstmuseums Gelsenkirchen umfasst Kunst ab 1900. Dazu gehört die klassische Moderne mit den Gemälden und Skulpturen der Impressionisten, Expressionisten, Surrealisten, Konstruktivisten und ihrer Nachfolger bis hin zur zeitgenössischen Moderne. Dabei werden aktuelle Themen aus Gesellschaft, Politik und Zeitgeschehen häufig mit Witz, Kreativität und Kunstfertigkeit zur Diskussion gestellt. Erläuterungen gibt es bei den Vernissagen der Wechselausstellungen, den öffentlichen Führungen und Spaziergängen durch die Sammlung sowie im Rahmen der vielfältigen museumspädagogischen Angebote.

Im Kunstmuseum gilt grundsätzlich „Berühren verboten"! – Die Sammlung „Kinetische Kunst", die dauerhaft im abgedunkelten Untergeschoss des Kunstmuseums gezeigt wird, bildet eine rühmliche Ausnahme. Die Besucher werden durch den Hinweis der Handschilder sogar aufgefordert, in Aktion zu treten. Viele der Objekte reagieren auf Bewegung, sei es eine mechanische Berührung, ein Luftzug, ein Lichtimpuls oder ein akustisches Signal. So ist es in dieser größten öffentlichen Sammlung kinetischer Kunst in Deutschland nicht ungewöhnlich, wenn Besucher vor einem Bild hin und her wandern, um ein Objekt herumtänzeln, Streicheleinheiten verteilen oder den riesigen Gong erzittern lassen.

Leane Schäfer
Direktorin Kunstmuseum Gelsenkirchen

Blick in die kinetische Sammlung (Quelle: Kunstmuseum Gelsenkirchen).

49 Bergbausammlung Rotthausen
Mehr als nur Exponate

Was ehrenamtliches Engagement von Bürgern bewirkt, das wird ganz besonders deutlich in der Bergbausammlung im Gelsenkirchener Stadtteil Rotthausen. Seit 1975 werden hier wertvolle Erinnerungsstücke mit Bezug zum Bergbau zusammengetragen und in einer Ausstellung der Öffentlichkeit zugänglich gemacht.

Diese in ihrer Vielfalt mit unterschiedlichen Schwerpunkten und zahlreichen Exponaten dennoch überschaubare Ausstellung gibt sehr gute Einblicke in die Bergbauzeit und lässt zugleich das Alltagsleben zu jener Zeit aus unterschiedlichen Perspektiven lebendig werden. Ebenso beeindruckt die umfangreiche und liebevoll zusammengetragene Sammlung in einem ehemaligen Ladenlokal in der Belforter Straße 20 auf 380 Quadratmetern Fläche neben ihrer Vielseitigkeit auch durch eine gelungene Präsentation der Exponate und Aufbereitung der Themenschwerpunkte, aber auch mit dem Konzept, den Tagesablauf eines Bergmanns darzustellen. Im Keller findet der Besucher einen nachgebauten 17 Meter langen Stollen, der ein Gefühl für die Enge und die Gefahren in dieser ansonsten unzugänglichen Welt und die insgesamt bedrückenden Arbeitsbedingungen untertage gibt. Sogar ein Kübel für die Notdurft („Scheißkübel"), häufig auch als Sitzgelegenheit während der Butterpause benutzt, fehlt nicht. Verlässt der Besucher die Untertagewelt, so gelangt er auf direktem Weg in die Arbeiterküche, wie sie zu Bergbauzeiten in jedem Haus vorhanden war, ausgestattet mit einem typischen Holztisch und Stühlen in der Mitte des Raumes, mit Geschirr und

Besteck. Zu dieser gelungenen musealen Gestaltung gehören auch ein Kohlenherd, Waschbecken und Küchenschrank. Dieser Ort gibt den Besuchern anschauliche Impulse, sich über das typische Essen in einer Bergmannsfamilie auszutauschen, wobei früher häufig Gemüse vom eigenen „Stückchen Land" oder Fleisch von einem im Hinterhof in einem Stall gehaltenen Schwein auf den Tisch kam. Dabei wurden die Mahlzeiten wegen der Wechselschichten im Bergbau – es gab die Morgen-, Mittag- und Nachtschicht – entsprechend zu den unterschiedlichsten Tageszeiten eingenommen. In den Bergarbeiterhäusern herrschte ein ständiges Kommen und Gehen.

Andere Bereiche wie die umfangreiche Lampensammlung, die Sicherheit im Bergbau, Arbeitskleidung der Bergleute und weitere Exponate wie Helme, Kauen-Korb, Markenkontrolle, Hacke, Schüppe, Abbau- und Bohrhämmer und vor allem die nachgebaute sogenannte Dahlbusch-Bombe finden immer wieder Bewunderer bei dieser Reise in die vergangene Zeit. Letztendlich wird diese Sammlung ergänzt durch eine umfangreiche Fotodokumentation, Filme, eine Bibliothek mit inzwischen mehr als 3.000 Büchern und einem Archiv, das sich auch durch umfassendes Kartenmaterial auszeichnet. So können die Betreiber ihrem Motto „Erinnerungen wachhalten und Wissen weitergeben" gerecht werden, was zudem noch durch entsprechende Führungen gefördert wird. Diese Sammlung ist zusammen mit den in den Räumen des Museums regelmäßig stattfindenden Veranstaltungen inzwischen nicht nur ein Highlight für erwachsene Besucher, sondern immer häufiger finden sich hier auch Schulklassen ein, um mehr über den Bergbau, den ehemals wichtigsten Wirtschaftszweig in Gelsenkirchen, und über das Leben der Menschen in dieser Zeit zu erfahren.

Interessant ist auch der zentrale Standort der Rotthauser Bergbausammlung: In einem Radius von sechs Kilometern befinden sich insgesamt 27 Bergbauschächte verschiedener Schachtanlagen auf den Stadtgebieten von Gelsenkirchen, Essen und Bochum.

Begehbarer Besucherstollen.

50 Garten und Wald in der Stadt „Der Zauber des Großstadtsommers"

„Summer in the city" – die genussvollen Seiten des Sommers erlebten und erleben viele Gelsenkirchener bei ihren Freizeitaktivitäten in einem der zahlreichen Parks. Hier finden sie „Erholung, Entspannung und schöne Erlebnisse" und erfahren den „Zauber des Großstadtsommers", so beschrieben in einer Broschüre aus dem Jahr 1959 mit dem Titel „Ferienfreuden zwischen Schacht und Hütte".

Der Buersche Stadtwald und der Stadtgarten in Gelsenkirchen befinden sich als grüne Oasen nicht weit von den jeweiligen städtischen Zentren entfernt. Während der Amtszeit des damaligen Oberbürgermeisters Friedrich Wilhelm Vattmann wurden im Jahr 1895 Hof und Ländereien des alten Bauernhofs Schalke in der Nähe der Gelsenkirchener Altstadt erworben, ab 1896 zum Volkspark umgebaut und bereits ein Jahr später der Öffentlichkeit unter dem Namen „Kaiser-Wilhelm-Park" zugänglich gemacht. Erweiterungen und Umgestaltungen erfolgten ab 1933 unter Gartendirektor Ludwig Simon, wobei die Anlage die heutige Gestaltung erhielt. Die 22 Hektar große Parklandschaft war ein beliebtes, kostenlos zugängliches Ausflugsziel für die Bevölkerung aus der Innenstadt und den nahe gelegenen von Bergbau und Industrie geprägten Stadtteilen. Hier tummelten sich Jung und Alt. Zu den Hauptattraktionen gehörten eine künstliche Grotte, die zahlreichen unterschiedlich genutzten Wasserflächen wie Teiche mit Fontänen und künstlichem Wasserfall, später zu Paddelbecken umfunktionierte Planschbecken, die vielen Spiel- und Liegewiesen, aber auch Spazierwege, Blumenbeete und immer wieder Bänke, die zum Verweilen einluden – und so ist es auch heute noch. In der bereits erwähnten Beschreibung aus dem Jahr 1959 heißt es weiter: „Gerade in den langen Wochen der großen Sommerferien sollte sich jedermann der Mannigfaltigkeit und des Abwechslungsreichtums der umfangreichen Grünanlagen, der vielerlei grünen Oasen erinnern, die die Stadt der Tausend Feuer wahrhaft zu einer Industriegroßstadt im Grünen gemacht haben." Schließlich war zu jener Zeit eine Urlaubsreise in die Ferne für die meisten Menschen undenkbar.

Schon allein wegen der topografischen Lage im Norden der Stadt unterhalb des Vestischen Höhenrückens lässt sich der Stadtwald als Teil des Buerschen Grüngürtels nicht mit dem Stadtgarten vergleichen, wie es ja auch der Name verdeutlicht. Unter dem Titel „Der vielgeliebte Stadtwald" (1959) findet sich folgende Beschreibung: „Wenn man die allsonntäglich Tausenden und Abertausenden Sommerbesucher des Buerschen Stadtwaldes fragen würde, was sie nun immer wieder dorthin zieht, so würde man wahrscheinlich mehrere Antworten zugleich bekommen: Es ist die echte, ursprüngliche, unverdorbene Waldlandschaft vor allem, die immer wieder lockt;

Stadtgarten, im Hintergrund das „Maritim-Hotel".

es sind die romantisch verschlungenen Waldwege, die satten, grünen Waldwiesen, die idyllischen Teiche – es ist eben die ganze Eigenart dieser Waldlandschaft mit der großen Planschanlage, die besonders Familien mit Kindern hierher lockt." Zu ergänzen ist dabei jedoch, dass dieses Wasserparadies für die ganz Kleinen ebenso wie das Freilichttheater schon längst nicht mehr vorhanden sind. Den immer noch großen Freizeitwert und die Beliebtheit des 1924 nach dem Volkspark-Leitbild eröffneten Stadtwalds bis in die Gegenwart machen die immer noch vorhandenen alten Strukturen zusammen mit zeitgemäßen Veränderungen aus: Jogging- und Trimmstrecken, malerische Aussichten auf das alte Bootshaus mit Teich, das Restaurant mit Blick über die grüne, abschüssige Wiese, die große Sportanlage mit Spielwiese und Laufbahn. Nicht zuletzt aber auch das „Deipe Gatt" als ältestes Gelsenkirchener Naturschutzgebiet. Das im Nordosten des Stadtwalds im Quellgrund einer Talsenke gelegene „Deipe Gatt" zeichnet sich durch seine Ursprünglichkeit und seltenen Pflanzen wie den Riesenschachtelhalm aus – und nicht ohne Grund ist dieser Ort durch Sagen und unheimliche Geschichten mit oft tragischem Ausgang heute noch bekannt.

51 Vom Ruhr-Zoo zur Zoom-Erlebniswelt
Gelsenkirchen – die Zoostadt

Seit einiger Zeit nimmt die Auslastung Gelsenkirchener Hotels ständig zu. Zu den Orten mit großer Anziehungskraft für die auswärtigen Besucher gehört neben dem Besuch eines Spiels von Schalke 04 und dem ehemaligen Nordstern-Zechengelände auch die direkt am Rhein-Herne-Kanal angrenzende „Zoom Erlebniswelt Gelsenkirchen".

Bereits Ende des 19. Jahrhunderts existierte im Zentrum Gelsenkirchens mit dem von Karl Cofflett gegründeten „Tiergarten" ein Zoo. „Da zieht der Bergmann und der Arbeiter mit Frau und Kind nach Cofflets Tiergarten und zeigt seinen Kleinen die hübschen Vögel und Tierchen, und jauchzend sieht eine Kinderschar den Sprüngen der Affen zu", beschreibt A. Hertz die Anlage. Der Tiergarten hatte den Besuchern auf wenig Fläche viel zu bieten: Fuchs, Steinmarder, Affen, Raubvögel, Schlangen, Alligator, Schildkröten, später kamen Wildschweine, Störche und ein Ameisenbär hinzu, wobei sich der Tierbestand ständig änderte. „Die neue Zeit, besonders der Krieg 1914/18 machte dieser schönen Einrichtung ein Ende", berichtet später die „Gelsenkirchener Allgemeine Zeitung".

Mit dem Bismarckhain entstand im Jahr 1899 in der Braubauerschaft (heute Bismarck) ein weitläufiges Erholungsgebiet mit Spazierwegen, Sitzgelegenheiten, Kinderspielplatz, Teichen und einem Restaurant. Diese auch in anderen Ruhrgebietsstädten umgesetzte Idee eines Volksparks sollte die in Industrie und Bergbau beschäftigten Männer vom Kneipenbesuch und Alkoholmissbrauch abhalten und den Familien eine kostenlose Alternative anbieten, sich in freier Natur aufzuhalten und zu bewegen, der Enge der Stadt und den bedrückenden Wohnverhältnissen für kurze Zeit zu entfliehen. Die Strukturen dieses ehemaligen Freizeitgeländes wurden nach Ende des Zweiten Weltkriegs entsprechend um- und neugestaltet und zur Anlage eines Tiergartens, des am 14. April 1949 eröffneten Ruhr-Zoos, genutzt. Der Vertrag zwischen der Stadt Gelsenkirchen und dem Großtierhändler L. Ruhe regelte folgende Abmachungen: Die Stadt übernahm die Kosten für die Errichtung der Anlagen, Gehege und der Gebäude im Zoo, die Ruhe-Firma die Ausgaben für Tiere und Personal. Das Konzept sah den Zoo als eine Zwischenstation zur Eingewöhnung der Tiere vor dem Verkauf an andere Tierparks vor. Vom ersten Tag an war der Ruhr-Zoo eine Hauptattraktion, wie Besucherzahlen von 70.000 im September 1951 oder von 90.000 Gästen im April 1952 belegen. Nach dem heute unter Denkmalschutz stehenden Eingang mit den Papageien begeisterten die Besucher besonders die Fütterungen der Seelöwen und der Raubtiere, die Kunststücke der Elefantendame „Birma", das schwergewichtige Nilpferd „Rosi" und die Eisbärin „Antonia". Restaurationsbetriebe wie die „Zooterrassen", Imbissbuden, der Kinderspielplatz und die Clownerien

Werbung für den Ruhr-Zoo aus dem Jahr 1950.

von „Onkel Albert“ und „Onkel Fipsi“ in einer kleinen Arena gehörten ebenso zu den Besuchermagneten. Bei aller Freude beim Zoospaziergang: Das Leid der Tiere in den viel zu kleinen Gehegen und engen Käfigen ahnten zwar viele Besucher, es war aber noch nicht als Problem ins Bewusstsein der Menschen vorgedrungen. Doch irgendwie erkannte man: Das Ruhr-Zoo-Konzept war nicht mehr zeitgemäß, finanzielle Probleme kamen hinzu. So entstand die Idee zur Neugestaltung dieser Anlage mit artgerechter Haltung und Tieren, entsprechend ihren Lebenswelten Alaska, Afrika und Asien zugeordnet. Die „Zoom Erlebniswelten Gelsenkirchen“ haben sich inzwischen landesweit zu einer großen Attraktion entwickelt, wie Besucherzahlen mit mehr als einer Million Gästen im Jahr 2010 und zahlreiche Auszeichnungen wie der „Parkscout Publikums Award 2018“ belegen. Und nun erobert das verspielte und putzmuntere Eisbärchen „Nanook“ die Herzen der kleinen und großen Besucher.

Zwischen 1968 und 1988 existierte in Gelsenkirchen zudem innerhalb des Westerholter Waldes in Buer ein Löwenpark. Im Gelände des Grafen von Westerholt konnten 42 Löwen bei der Durchfahrt-Safari vom eigenen Auto aus beobachtet werden.

52 Freibad Grimberg
Erinnerungen an Kindheitstage

Noch heute lösen Erinnerungen an das Freibad Grimberg bei vielen Gelsenkirchener Bürgern Glücksgefühle aus. Zu der zwischen Emscher und Rhein-Herne-Kanal gelegenen Badeanlage an der ehemaligen Stadtgrenze zu Wanne-Eickel strömten die Menschen auch aus der näheren Umgebung, um dort Entspannung und Erholung zu finden.

Im Jahr 1927 musste eine am Kopfende des Stadthafens in Schalke gelegene Schwimmanlage wegen erheblicher Bergschäden geschlossen werden und man musste so schnell wie möglich für Ersatz sorgen. Dies war aus Sicht der dafür zuständigen Stadt Gelsenkirchen dringend erforderlich, hatte man doch bereits zu dieser Zeit erkannt, dass die Ballung vieler Menschen im Industriegebiet auf engstem Raum zusammen mit den schädlichen Umwelteinflüssen zu erheblichen Gesundheitsschäden bei der Bevölkerung geführt hatte. So bestand zunächst die Absicht, auf dem Gelände des Bismarckhains (später Ruhr-Zoo, heute Zoom), für entsprechenden Ersatz zu sorgen. Dieser Plan wurde aufgegeben, als die Emschergenossenschaft ein großflächiges Gelände gegenüber dem alten Schloss Grimberg – daher der Name des Freibads – und dem gleichnamigen Hafen anbot. Dort entstand nun eine Anlage mit drei voneinander getrennten Schwimmbecken: einem Sportbecken („Schwimmer“), einem „allgemeinen“ Becken und einem „Familien- und Planschbecken“ mit einer kleinen Wasserrutsche. Das große Sportbecken mit seinen acht Bahnen eignete sich auch für Schwimmwettkämpfe, wobei ein zehn Meter hoher Sprungturm mit dem 4,50 Meter tiefen Becken durch einen Brückensteg vom Schwimmteil getrennt war. Diesen Teil umfasste eine Terrasse, von der aus 7.500 begeisterte Zuschauer 1958 den Wettkämpfen bei der Deutschen Schwimmmeisterschaft zusahen. Alle drei Badebecken wurden auf einer Ebene fünf Meter unter der ursprünglichen Oberfläche errichtet, sodass die Versorgung mit Wasser aus dem nahe gelegenen Kanal sichergestellt war. In die Anlage integriert waren Sanitäranlagen, Umkleidekabinen, ein Imbissstand und ein Wohnhaus für den Verwalter. Im östlichen Teil befanden sich weitere von Bäumen umgebende Liegeflächen und die berühmt-berüchtigte „Sandwüste“.

Das am 8. Juli 1928 eröffnete Freibad zog die Menschen aus der zumeist dicht besiedelten Umgebung bis zur Schließung im Jahr 1983 geradezu magisch an. Mit einer Decke unter dem Arm, einer selbst gebrauten Limonade und einem Butterbrot ging es dann zu Fuß oder mit dem Fahrrad am Erler Forsthaus vorbei zu dem Badeparadies, das 1957 während der nur wenige Sommermonate andauernden Saison 193.303 Besucher verzeichnete. Schon von weither hörte man ein nicht genau definierbares, aber irgendwie fröhliches Geräusch. Je näher man dem ersehnten Badevergnügen kam, umso

Sommerliches Badevergnügen.

deutlicher nahmen auch die typischen Freibad-Gerüche, eine Mischung aus Chlor und Sonnencreme, zu. An dem Kassengebäude bildeten sich vor allem am Wochenende und an Feiertagen lange Warteschlangen. Nach dem Bezahlen des Eintrittsgeldes – in den 1950er-Jahren 30 Pfennig – betrat man die Anlage. Den Besucher erwartete ein überwältigender Anblick: Vor ihm lagen wie in einem Talkessel das Becken für Schwimmer, das abgeteilte Springer-Becken mit Sprungturm, dahinter die anderen Badebecken und Liegewiesen. Die direkt an den Schwimmbecken gelegenen Wiesenflächen waren oft mit Decken, Handtüchern und den damals neuen Kofferradios, aus denen unentwegt Musik dröhnte, bis auf den letzten Platz belegt. Das einzige, was störte, dann aber irgendwie im Laufe eines Badetages „vernachlässigt" wurde, war der unangenehme, an heißen Sommertagen besonders intensive Geruch der direkt hinter dem Freibad fließenden Emscher. Trotzdem – hier erfüllten sich, unter der Aufsicht von strengen Bademeistern mit ihren markanten, schrillen Trillerpfeifen, die so manchen unerlaubten Spaß verhinderten, Kinderträume – und so manche Liebe hat hier ihren Anfang genommen.

53 Vom Nordsternpütt zur BUGA
Industrielandschaft in voller Blüte

Viele der großflächigen Industriestandorte in Gelsenkirchen gibt es nicht mehr. Zechen, Fabriken und zahlreiche andere Produktionsstätten sind verschwunden, geblieben aber sind die Menschen. Sie nehmen nun in Besitz und profitieren erstmals in der Geschichte des Ruhrgebiets davon, was eigentlich nicht für sie geplant war.

Von Mauern geschützt und die Zugänge von Pförtnern streng kontrolliert: Zu diesen nur für die Beschäftigten zugänglichen Arealen gehörten auch die Zechenanlagen. Mit ihren Gebäuden, Schornsteinen und Fördergerüsten markierten sie auf riesigen Übertageflächen schon von Weitem sichtbar den Standort, dennoch blieb das Innere hinter diesen Mauern verborgen. So war es auch auf der ab 1868 fördernden Zeche Nordstern, dem zu jener Zeit nördlichsten Bergwerk, dem „nördlichsten Stern". Das überschaubare Dorf Horst inmitten der sumpfigen, schwer zugänglichen Emscherbruchlandschaft hatte gerade einmal 800 Einwohner, als 164 Bergleute in einer Teufe von 200 Metern im ersten Förderjahr 4.619 Tonnen Kohle abbauten. Doch die Fördermengen und somit auch die Beschäftigtenzahl stiegen in den nächsten Jahren rasant an. So wurde 1875 eine Jahresfördermenge von 94.000 Tonnen Kohle mit einer Belegschaft von 500 Mann erzielt. Auch wuchs der Betrieb für alle Menschen sichtbar durch Übertageanlagen mit Malakowturm, Kesselhaus und Schornsteinen. Zudem verbesserte sich die Infrastruktur: Ab 1870 ersetzte ein Eisenbahnanschluss den mühseligen Kohletransport mit Pferd und Wagen über holprige und oft überschwemmte Landwege.

Mit der Zeche entwickelte sich auch der Ortsteil mit neuen Bergarbeitersiedlungen an der Wall- und Blumenstraße weiter. Im Jahr 1910 lebten in Horst fast 21.000 Menschen – eine in damaliger Zeit typische vom Kohlefieber geprägte Ruhrgebiets-Erfolgsgeschichte, die allerdings auch immer wieder geprägt war von Grubenunglücken und harten Arbeitsbedingungen, vor allem untertage. Nicht ohne Grund nannte der Volksmund das Horster Bergwerk „Pütt Elend". Die höchste Jahresförderung mit unvorstellbaren zwei Millionen Tonnen Steinkohle erzielten 3.254 Nordstern-Beschäftigte 1981, wobei Schacht 2 mit 1.300 Metern der tiefste im Stadtgebiet war. 1993 wurde der Kohleabbau eingestellt. Schon kurze Zeit nach diesem auch für den Stadtteil folgenschweren Ereignis zeichnete sich eine Wiederbelebung der nun zur Brachlandschaft verkommenen Industriefläche mit der Planung einer Bundesgartenschau auf dem Gelände einer ehemaligen Zeche ab. Da musste sich so mancher Gelsenkirchener, der den Zechenanblick gewohnt war, erst einmal die Augen reiben, als die Anlage am 19. April 1997 eröffnet wurde. Auf den ersten Blick wurde deutlich: Das neue Konzept der Umwandlung einer Landschaft von einer Industriefläche zum Landschaftspark im Zusammenhang mit der Bundesgartenschau unter Einbeziehung der industriellen Geschichte war voll gelungen – und sorgte bundesweit für Aufsehen. Denkmalgeschützte Zechengebäude der Architekten Fritz Schupp und Martin Kremmer wurden sorgfältig restauriert, der Schacht-2-Förderturm mit einer Aussichtsterrasse ausgestattet, spektakuläre neue Übergänge über den Rhein-Herne-Kanal mit einer fast 100 Meter langen Doppelbogenbrücke und eine weitere Brücke über die Emscher errichtet, eine Reihe von kastenförmig beschnittenen Sträuchern und Bäumen markierte den Verlauf der ehemaligen Zechenbahn. Eine heute nicht mehr vorhandene Panorama-Schwebebahn ermöglichte Ein- und Ausblicke auf das Gelände aus ungewohnter Perspektive. Ein ebenso herausragendes Projekt bei der Neugestaltung war das 5.000 Zuschauer fassende, direkt am Kanal gelegene Amphitheater. Nach Beendigung der BUGA am 4. Oktober konnten die Veranstalter 1,6 Millionen Besucher melden. Besucherstollen, Kletterfelsen, Hotel, Radwege und gastronomische Angebote haben dieses Areal heute zu einem Hotspot im Ruhrgebiet werden lassen.

Mit der Hochbahn durch das BUGA-Gelände (1997).

54 Nordsternturm
Die kleine Schwester von Zollverein

Nicht ohne Grund wird die Zeche Nordstern als „kleine Schwester" der nicht weit entfernten, in Essen gelegenen Zeche Zollverein genannt. Dieser Vergleich beruht auch auf der Tatsache, dass die beiden Architekten Fritz Schupp (1896–1974) und Martin Kremmer (1894–1945) bei der Gestaltung von Bauten auf der Nordstern-Zeche ebenso wie auf dem benachbarten heutigen Weltkulturerbe tätig waren.

Ihre herausragende Bautätigkeit hat inzwischen auch dadurch entsprechende Würdigung erhalten, dass sie mit den von ihnen entworfenen Industrieanlagen der Schachtanlage Zollverein 12 und dem Erzbergwerk Rammelsberg in Goslar als einzige Architekten in Deutschland zwei Eintragungen im Weltkulturerbe-Verzeichnis erhalten haben. Schupp und Kremmer betrieben schon in jungen Jahren eine Architektengemeinschaft. So war einer ihrer ersten Aufträge 1926 der Entwurf einer Schreinerei und Werkstatt auf dem Nordstern-Gelände. Es folgte der Bau der Zentralkokerei in den Jahren 1927 bis 1930 nach ihren Plänen. Dabei legten sie bei ihren Bauvorhaben besonderen Wert auf eine sowohl zweckmäßige als auch ästhetische Gestaltung. Nach Kremmers Tod im Jahr 1945 führte Schupp die Arbeiten allein fort. 1951/52 wurde er mit dem Umbau der Übertageanlagen des Fördergerüstes über dem Schacht 2 beauftragt und errichtete eine der seltenen „Turmförderanlagen in Stahlskelettbauweise mit Ziegel- und Glasausdachung". Die Fördermaschine befand sich nun im Kopf des Gebäudes und nicht wie ansonsten üblich im Maschinenhaus neben dem Schacht. Somit gab es auch nicht mehr die ruhrgebietstypische Ansicht der rotierenden Seilscheiben. Mit Schließung der Nordstern-Zeche 1993 verließ der letzte Förderwagen den Schacht 2 unter den beeindruckenden Klängen von „Il Silencio". Schon zwei Jahre später wurde der Förderturm mit Inventar unter Denkmalschutz gestellt. Das markante Gebäude zeichnet sich nach entsprechender Umgestaltung nun in besonderer Weise durch seine Besucherterrasse mit großartigem Rundum-Panoramablick auf das Ruhrgebiet und Gelsenkirchen aus. Auf verschiedenen Ebenen in diesem ungewöhnlichen Ambiente mit Ruhrgebiets-Feeling ist das herausragende museale Projekt „Wandel ist immer" mit spannenden und informativen Themen wie „Identitäten, Integration & Dialog, Auf Kohle, Revier" untergebracht. Zu einem Blickfang und Erkennungszeichen über dem Glaskubus auf dem 83 Meter hohen Nordsternturm ist inzwischen der 18 Meter hohe und 20 Tonnen schwere „Herkules" geworden, eine monumentale und kontrovers diskutierte Figur von Markus Lüpertz. Der Held verkörperte in der Antike Stärke und die Kraft und die Fähigkeit, fast unmöglich erscheinende Aufgaben zu bewältigen. So ist diese Figur ein Symbol für die harte Arbeit

Nordsternturm.

und die erbrachten Leistungen während der Bergbauzeit, gleichzeitig auch in seiner Monumentalität ein Hinweis auf die Zukunft des Ruhrgebiets, wobei die noch zu bewältigenden Anforderungen im Zusammenhang mit dem Strukturwandel und der Erneuerung der Region im wahrsten Sinne des Wortes durchaus eine „Herkulesaufgabe" bedeuten. Auf jeden Fall: Die Skulptur des wegen seiner Leistungen in den Olymp aufgenommen griechischen Helden Herkules, in seiner äußeren Darstellung nun sehr gegenwartsbezogen und von dem klassischen Vorbild weit entfernt, mit der Keule in der Hand tief ins Ruhrgebiet blickend, verleiht dem Turm mit dieser außergewöhnlichen Gestaltung sein unverwechselbares Aussehen. Der Immobilienkonzern Vivawest mit seiner Zentrale an diesem ehemaligen Zechenstandort mit attraktivem Ambiente ist nun auch Teil des Wandels der Nachbergbauzeit im Ruhrgebiet geworden.

55 „Anne Bude“ Trinkhallenkultur im Revier

„Anne Bude“ – um das für Auswärtige sofort klarzustellen, ist nicht der Name einer Frau, sondern damit ist, um es hochdeutsch auszudrücken, eine Trinkhalle gemeint, für „Ruhris“ eher unter den Namen „Seltersbude“ und „Kiosk“ bekannt. Heute sieht man oft an diesen für das Ruhrgebiet typischen Orten auch die Bezeichnung „Verkaufshalle“.

In Gelsenkirchen lassen sich immer noch viele dieser kleinen Geschäfte in unterschiedlichen Bauformen finden: Freistehend, als eigenes kleines aus Stein gebautes „Minihaus“, in Parterre-Wohnungen mit integriertem Verkaufsraum oder nur mit Bedienung nach außen. Die früher häufig zu sehende ursprüngliche Konstruktion als kleine, zumeist farbige Holzbude ist nicht mehr vorhanden. Die „Seltersbude“, so die ursprüngliche Bezeichnung, ist ab 1860 im Ruhrgebiet nachweisbar. Hier boten zunächst Mineralwasserfabrikanten ihr alkoholfreies Getränk zu einem günstigen Preis an. Die Zecheneigner erkannten dabei sehr schnell die Möglichkeit, den dem Alkohol nicht gerade abgeneigten Bergleuten ein zusätzliches Angebot zu unterbreiten und unterstützten die nun rasant entstehende „Budenkultur“ durch Bereitstellung von Grundstücken in unmittelbarer Zechennähe oder in den zecheneigenen Siedlungen. In Gelsenkirchen, so eine Schätzung, gab es um 1920 ungefähr 400 Buden, die dann im Laufe der Zeit auch ihr Sortiment erweiterten. So konnte man dort Alkoholika wie Bier, Schnaps und „Knickerwasser“, eine Brause mit „Geschmack“, kaufen, aber auch abgefüllte Milch und die beliebten „Soleier“ als Notversorgung am Wochenende. Für den Budenbesitzer gab es keinen freien Tag. Und vor allem für Kinder entwickelte sich die „Bude“ zum Paradies. Hier wurden Träume wahr: Schon für einen „Tacken“ (10 Pfennig) erwarb man eine „Tüte gemischt“ voller Süßigkeiten, die in Gläsern abgefüllt zur Auswahl standen: „Harte, weiche, vor allem aber bunte Klümpches“ (Bonbons), Weingummi, Wundertüten, Drops, Kaugummi, Silberlinge, den „Blombenkiller“ Salino, Lakritz wie die beliebten Salmiakpastillen in Rautenform, die auf die obere Handfläche positioniert und dann fast zeremonienartig abgelutscht wurden, gehörten ebenso dazu wie der Dauerlutscher, später dann auch Eis am Stiel oder drei Sorten Eis (Schokolade, Vanille und Erdbeere) in einer Waffel. Ein besonders beliebtes Getränk bei Kindern war auch das schnell und problemlos herzustellende „Lakritzwasser“: Dafür steckte man Lakritzstangen oder -scheiben in bereits mit Wasser gefüllte Flaschen, die sich nun, zuvor kräftig durchgeschüttelt, nach einer halben Stunde auflösten. Wahrscheinlich war dieses Getränk deshalb so beliebt, weil es in seiner eigentlich unbeschreiblichen Farbe der Kohle ganz nahe kam. Und nicht zu vergessen: „Anne Bude“ gab es auch die ersten Fußballsammelbilder zu kaufen. Vor der Bude: Sitzgelegenheiten in Form einer selbst zusammengezimmerten Holzbank oder es standen leere Bierkästen bereit, wobei es kein Problem war, auf diese Art und Weise das Sitzangebot bei Bedarf schnell und problemlos zu erweitern. Hier saßen dann oft die Bergleute vor oder nach der Schicht oder am Sonntag, dem damals einzigen arbeitsfreien Tag, stundenlang zusammen. Die Budenbesitzer selbst: unverwechselbare Charaktere mit Namen wie „Opa Ganz", „Mummel", „Kowalski", „Onkel Heinz" oder „Pracht". Hier an der Bude kannte man sich mit Namen, war mit der Biografie des Besuchers und seiner Familie bestens vertraut, hier wurden Geschichten von Freud und Leid erzählt, Rat geholt, Informationen und die neuesten Nachrichten – auch aus der Nachbarschaft – ausgetauscht. Dabei spürte man sofort die „aktuelle Tagesform" des Trinkhallen-Besuchers im Sinne von „Du bist heute aber nicht gut drauf, watt iss los?". Obwohl sich das „Anne Bude gehn" inzwischen auch verändert hat, gibt es sie immer noch in großer Zahl. So zählen die heute vorhandenen 15.000 Trinkhallen im Ruhrgebiet – von insgesamt 40.000 in Deutschland – ohne Zweifel auch in Gelsenkirchen zu den Highlights. Mit dem „Tag der Trinkhallen" erfahren die Buden, bei denen man auch heute noch ganz nah am „Puls" des Ruhrgebiets ist, eine entsprechende Wertschätzung und Würdigung.

Nahversorgung „anne Bude".

Autoren

Hubert Kurowski

Hubert Kurowski wurde 1949 im Gelsenkirchener Stadtteil Erle in einer Bergmannsfamilie geboren, die bereits ab 1894 in mehreren Generationen sowohl mütterlicher- als auch väterlicherseits mit dem Bergbau in Gelsenkirchen verbunden war. Diese Zeit hat ihn bis heute nachhaltig geprägt. Nach dem Studium an der Gesamthochschule/Universität Essen war der Autor von inzwischen elf Büchern und zahlreichen Beiträgen in Fachzeitschriften und heimatkundlichen Büchern lange Zeit als Lehrer und später Schulleiter an Haupt- und Grundschule tätig. Neben seinen Fachvorträgen mit den Schwerpunkten Alltags-, Stadt- und Bergbaugeschichte finden sich auch immer wieder zahlreiche Teilnehmer bei Busexkursionen und heimatkundlichen Wanderungen vor Ort ein.

Martin Kurowski

Martin Kurowski wurde 1986 in Herten geboren. Der Diplom-Informatiker lebt zurzeit in Berlin. Sein Hobby gilt der Fotografie. So sind im Laufe der Zeit bei regelmäßigen Besuchen zahlreiche Fotos entstanden, die einen hohen Dokumentationswert besitzen, gleichzeitig aber auch stimmungsvolle Eindrücke des alten und des neuen Ruhrgebiets und von Gelsenkirchen vermitteln.

Danksagung

Eine Veröffentlichung dieses Buches wäre ohne die Unterstützung und Mithilfe vieler Menschen nicht möglich gewesen. Ihnen gilt unser besonderer Dank für die Bereitstellung von Bildern, für Informationen, Hinweise, Ideen, Anregungen, Korrekturen und Gespräche: Frank Beran, Christian Fischer, Thomas Konze, Isabel Kurowski, Maike Kurowski, Norbert Labatzki, Ingo Mattauch, Saskia Parakenings, Karlheinz Rabas, Karl-Heinz Rotthoff, Jan-Peter Totzeck und Franz Weber jun.

Und vor allem den Autoren, die sich an diesem Buchprojekt beteiligt haben: Oberbürgermeister Frank Baranowski, Ernst-Martin Barth, Jürgen Boebers-Süßmann, Prof. Dr. Stefan Goch, Christiane Rautenberg, Leane Schäfer.

Literatur- und Bildnachweis

Baroth, Hans Dieter, Das werde ich nie vergessen, Geschichten aus dem Ruhrgebiet, Essen 2005.

Griese, Gustav (Hrsg. Heimatbund Gelsenkirchen), Geschichte Gelsenkirchens, Gelsenkirchen 1960.

Günter, Roland, Im Tal der Könige, Ein Reisebuch zu Emscher, Rhein und Ruhr, Essen 1994.

Heimatbund Gelsenkirchen (Hrsg.), Gelsenkirchen, Kleine Chronik einer großen Stadt, Gladbeck o.J.

Heimatbund Gelsenkirchen, Die Dahlbuschbombe aus Gelsenkirchen, Geschichte eines weltberühmten Rettungsgerätes im Bergbau, Heft 4, Gelsenkirchen 2015.

Heimatbund Gelsenkirchen, Gelsenkirchen Hauptbahnhof – 170 Jahre das Tor zur Welt, Heft 13, Gelsenkirchen 2017.

Kurowski, Hubert, Entlang der Emscher, eine Flussreise, Erfurt 2009.

Kurowski, Hubert und Martin, Gelsenkirchen, die schönsten Seiten, Erfurt 2013.

Kurowski, Hubert und Martin, Historische Streifzüge durch Gelsenkirchen, Erfurt 2014.

Sondermann, Dirk (Hrsg.), Emschersagen, Von der Quelle bis zur Mündung, Bottrop 2017.

Zimmermann, Karl und Berke, Hubert, Gelsenkirchen – Bilder und Impressionen aus einem Tagebuch, Köln, o.J.

Archiv Freiherr von Fürstenberg: S. 30; Frank Beran: S. 86/87; Bergbausammlung Rotthausen: S. 90/91, 104/105; Emscher-Genossenschaft: S. 12/13; Wolf-R. Hoffmann: S. 31; Institut für Stadtgeschichte Gelsenkirchen (ISG): S. 45, 47, 55, 79, 92/93; Kunstmuseum Gelsenkirchen: S. 103; Christel Kurowski: S. 73; Martin Kurowski: Einband vorne, Vorsatz, Schmutztitel, S. 9, 11, 15, 17, 20/21, 27, 29, 37, 38/39, 56/57, 62, 66, 89, 94, 95, 96/97, 100/101, 107, 115, 117, 121, Nachsatz, Einband hinten oben link, Einband hinten unten rechts; Sammlung Hubert Kurowski: S. 23, 33, 43, 49, 51, 53, 61, 63, 67, 69, 71, 74, 75, 77, 109, 111, 113, Einband hinten oben rechts, Einband hinten unten links; Norbert Labatzki: S. 85; Pedro Malinowski: S. 7; Karsten Rabas: S. 40/41; Karl-Heinz Rotthoff: S. 81; Stadt Gelsenkirchen: S. 35; Franz Weber: S. 83; Franz Weber sen.: S. 18, 19, 25, 58/59, 64/65, 82.

Blick vom Nordsternturm auf das ehemaligen Gelände der Bundesgartenschau.

Vorsatz: Blick aus dem Hans-Sachs-Haus.
Nachsatz: Stadtwaldsee.

Impressum

Sutton Verlag GmbH
Arnstädter Straße 8
99096 Erfurt
www.suttonverlag.de

ISBN: 978-3-96303-052-9
Druck: Florjančič Tisk d.o.o. / Slowenien
Gestaltung und Herstellung: Sutton Verlag

Buchhinweise

Hubert Kurowski

Erle. Neue Bilder aus alter Zeit

978-3-95400-099-9

18,95 €

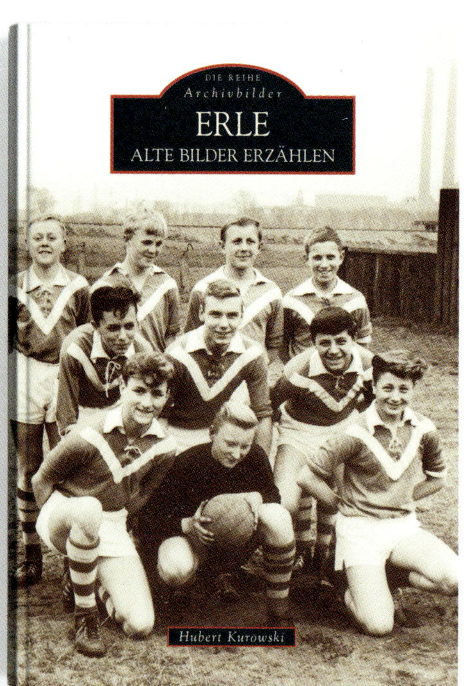

Hubert Kurowski

Erle. Alte Bilder erzählen

978-3-86680-711-2

20,00 €

DIE REIHE
Archivbilder
SCHALKE
Karlheinz Weichelt

Karlheinz Weichelt

Schalke

978-3-86680-624-5

19,99 €

Karlheinz Weichelt

Schalke. Alte Bilder erzählen

978-3-95400-278-8

19,99 €

suttonverlag.de